Michael Imhof

DIE PÄPSTIN JOHANNA

Wahrheit und Mythos

Michael Imhof Verlag

Nach ... Papst Leo IV. hatte Johannes Anglicus aus Mainz den Papststuhl für 2 Jahre, 7 Monate, 4 Tage inne. Er verstarb in Rom, und das Papsttum hörte für einen Monat auf. Dieser Johannes war, wie versichert wird, eine Frau, die als junges Mädchen in Männerkleidern von ihrem Liebhaber nach Athen gebracht wurde und dort in verschiedenen Wissensgebieten derartig glänzte, dass sich niemand mit ihr messen konnte. Später hat sie in Rom Vorlesungen in Rhetorik und anderen Disziplinen gehalten und berühmte Lehrer als ihre Schüler und Hörer gehabt. Da sie durch ihre Lebensführung und ihre Gelehrsamkeit in der Stadt großes Ansehen genoss, wurde sie einstimmig zum Papst gewählt. Aber als Papst wurde sie von ihrem Vertrauten geschwängert. Den Zeitpunkt der Geburt nicht ahnend, wurde sie, als sie sich von St. Peter zum Lateran begab, von den Wehen überrascht und gebar in dem engen Gässchen zwischen Kolosseum und der Kirche des hl. Clemens ein Kind. An der gleichen Stelle fand sie ihren Tod und, wie gesagt wird, wurde sie hier auch begraben ...

Martin von Troppau († 1278)

obscurte et fut extaincte auec le roy did.

Le sixiesme chapitre contient les cas
daucuns nobles malheureux et en
pou de paroles lauteur parle contre
les nobles orgueilleux. Et commen
ce ou latin. Dum post &c.

Apres ce que ie eu descript ẽ brief
le cas de didier noble ~~noble~~
roy de lombardie et la mise
rable fin de lui ses femme et enfans.

Titelbild: siehe Abb. S. 11
Rückseite: siehe Abb. S. 64
S. 3: Geburtsszene der Päpstin Johanna, Darstellung in der französischen Miniaturmalerei aus dem frühen 15. Jahrhundert in Giovanni Boccaccios Schriften (Bibliothèque nationale de France, Paris, Ms. fr. 226, fol.252)

Literaturempfehlungen

Ignaz von Döllinger: Die Papst-Fabeln des Mittelalters. Ein Beitrag zur Kirchengeschichte. München 1868 , 2. Auflage. Stuttgart 1890.
Elisabeth Gössmann: Die Päpstin Johanna. Der Skandal eines weiblichen Papstes, Berlin 2000.
Max Kerner und Klaus Herbers: Die Päpstin Johanna. Biographie einer Legende, Köln/Weimar/Wien 2010.

Zitate

Die Herkunft der Zitate einschließlich Übersetzungen wurden nicht ausdrücklich genannt, wenn sie in der Literatur oder im Internet so häufig zitiert wurden, dass die ursprüngliche Quelle sich nicht mehr erschließen lässt. Teilweise wurden die häufig zu findenden Übersetzungen aus dem Latein zur besseren Lesbarkeit dem heutigen Sprachgebrauch angepasst.

Bildnachweis:

Alle Abbildungen stammen von Michael Imhof oder aus dem Archiv des Michael Imhof Verlags
mit Ausnahme von:
Bibliothèque nationale de France, Paris: S. 3, 6, 43, 63
Bayerische Staatsbibliothek München: S. 23
wikipedia: S. 14, 17, 19 links, 29 unten, 32, 33, 41, 47, 49, 61, 68, 74
Spotlight Musicalproduktion, Künzell (Fotos: Ralph Leupolt): S. 79, 80

Stettiner Straße 25, D 36100 Petersberg
Tel. 0661/9628286; Fax 0661/63686
www.imhof-verlag.de

Gestaltung und Reproduktion: Michael Imhof Verlag
Druck: Himmer AG, Augsburg

Printed in EU

ISBN 978-3-86568-612-1

INHALT

tre les nobles orgueilleux. Et com
mence ou latin. Dum post. zc.

Apres ce que ie en descript
en brief le cas de didier
noble roy de lombardie
et la miserable fin de lui ses femme
et enfans et de tout le royaume qui
onques puis not roy ie me trouuai
flotant en diuerses larmes de plu
seurs nobles malheureux qui en
plourand me destruoient puis ca
puis la. Entre lesquelz ie vi vne
femme qui se arresta pres de moy
et ceste femme estoit attournee a
maniere dun euesque. Elle qui
estoit femme auoit les ams lon
gues iusques aux oreilles et tant
que elle sambloit plus auoir ha
bit de prestre que de femme. Et
ia soit que ceste femme plourast
moult aigrement dont ie fu mer
ueilleux toutesuoies ie entendi son
cas que elle comptoit ainsi en
brief; Ceste femme appellee pape
jehan fut nee du pays daleman
gne cest assauoir de la cite de ma
ience. Elle en sa ieunesse delais
sa ses parens et se appliqua a
estudier les sciences liberaulx auec
vng iouuenceau estrange et mes
congneu. Et pour conuenablement
estudier elle se vesti et maintint a
guise domme. Apres la mort du
iouuenceau celle femme proufita
telemant es sept ars liberaulx et en
aultres sainctes sciences en mainte
nand ses atours et en gardand sa
chastete que ou pays dangleterre
et par les gens dilleuc elle fut te
nue pour homme et non mie pour
femme; Et apres aucuns ans
passez elle qui de angleterre se tran
sporta a romme elle leut illeuc et
enseigna grammaire. logique. et
rhetorique. et ot nobles auditeurs
escoliers; Elle fut enuers tous de
si grant renommee que apres la
mort de leon pape cinquiesme de
son nom et adonc lotaire estant
empereur rommain elle fut esle
uee et intronizee en pape. et selon
les liures des sors elle obtint le
glorieux nom de jehan. O
dieu pour quel pechie souffris tu
que ceste femme eust leueschie de
romme et seist en la chaiere de saint
pere. Or aduint apres par aucun
temps que en ceste femme pape en
tra secretement lardeur de luxure
et tant que elle conceut et fut en
ceinte. Et pendant le temps de
sa grossesse elle qui auec le clergie
et le peuple ~~elle~~ cheuauchoit de
la montaigne ianicule iusques
en leglise de saint jehan latran
Et entre colosie qui est vng lieu
a romme ou furent iadis peintes
les images de toutes les nations

JOHANNES VII. – EIN WEIBLICHER PAPST?

Die legendäre Päpstin Johanna ist keine Erfindung der Romanautorin Donna W. Cross, wie man meinen könnte, die mit ihrem Buch 1996 einen Weltbesteller landete. Vielmehr findet sich ein weiblicher Papst – zumeist als Papst Johannes VII. – vom letzten Drittel des 13. Jahrhunderts bis zum 18. Jahrhundert in beinahe allen historischen Abhandlungen zur Papstgeschichte. So fügte z. B. sowohl 1277 der Dominikaner Martin von Troppau die Päpstin in seine Chronik der Päpste und Kaiser ein als auch der päpstliche Bibliothekar Bartolomeo Platina († 1481), um zwei prominente Autoren zu nennen. Wie selbstverständlich wird Päpstin Johanna als Johannes VII. auch in der Schedelschen Weltchronik von 1493 aufgeführt und abgebildet. Der in Leiden und Heidelberg lehrende Kirchenhistoriker und Professor der Theologie Friedrich Spanheim (1632–1701) zählte in seiner in mehreren Auflagen ab 1694 erschienenen Abhandlung „Histoire de la Papesse Jeanne" – die deutschsprachige Ausgabe erschien 1737 – hunderte von Textstellen über die Päpstin.

Damit war seit dem Hohen Mittelalter die Vision eines weiblichen Papstes zu einer authentischen historischen Gestalt gereift, die zum festen Kanon der Päpste gehörte. Ganz unabhängig von der Frage, ob es zweifelsfrei eine Päpstin Johanna gab oder nicht, kann deshalb festgestellt werden, dass die Päpstin bis zum 16. Jahrhundert als feste Tatsache betrachtet wurde, d. h. Johanna als Papst existierte!

Als Nachwort in ihrem Roman „Die Päpstin" stellt Donna W. Cross die Frage „Gab es eine Päpstin Johanna?" und liefert dafür Argumente. Dabei stellt sie die Behauptung auf, im 17. Jahrhundert hätten „verschiedene Einrichtungen der katholischen Kirche, die sich wachsenden Angriffen durch den aufstrebenden Protestantismus ausgesetzt sah, einen gemeinschaftlichen Versuch (unternommen), die peinlichen historischen Unterlagen über Johanna zu vernichten. Hunderte von Büchern und Manuskripten wurden vom Vatikan eingezogen. ... Es kann kaum verwundern, dass Johannas Name in keinen zeitgenössischen Dokumenten erscheint, wenn man bedenkt, wieviel Zeit der Kirche zur Verfügung stand – und wieviel Energie sie darauf verwendet hat –, jeden Hinweis auf Päpstin Johanna zu verwischen. Es kommt hinzu, dass Johanna im neunten Jahrhundert gelebt hat, einem der dunkelsten des frühen ‚finsteren Mittelalters'; dies hat es der Kirche mit Sicherheit leichter gemacht, alle Spuren zu beseitigen."

Dass diese Vernichtungsaktion tatsächlich stattgefunden hat, ist zweifelhaft, da Päpstin Johanna in offiziellen Papstlisten aus dem Mittelalter im Vatikanischen Archiv bis heute aufgeführt ist. Zweifellos aber hat Donna W. Cross Recht, wenn sie die schlechte Quellenlage für das 9. Jahrhundert anführt. Grundsätzlich gilt für das Frühmittelalter, dass von der „Normalbevölkerung" so gut wie keine schriftlichen Quellen vorliegen. Über das Leben der Menschen in Deutschland wissen wir nur über Buchmalereien sowie durch materielle Zeugnisse aus Ausgrabungen, die uns Kenntnisse über den Hausbau, die Kleidung, das Handwerk und die Nahrungsmittel liefern. Wie das Verhältnis unter den Menschen, d. h. die Beziehung zwischen Mann und Frau verlief, lässt sich daraus

links: Geburtsszene der Päpstin Johanna, Darstellung in der französischen Miniaturmalerei aus dem frühen 15. Jahrhundert in Giovanni Boccaccios Schriften (Bibliothèque nationale de France, Paris, Arsenal Ms. 5193, fol. 371)

Darstellung der Päpstin Johanna als Papst Johannes VII. in der Schedelschen Weltchronik von 1493

Wie selbstverständlich wird Päpstin Johanna als Papst Johannes VII. in der Schedelschen Weltchronik abgebildet. Die Schedelsche Weltchronik von 1493 war das größte Buchunternehmen der Zeit und ist die am reichsten illustrierte Inkunabel überhaupt. Sie umfasst das Gesamtwissen der Zeit in deutscher Sprache und wurde von dem Nürnberger Arzt, Humanisten und Historiker Hartmann Schedel (1440–1514) herausgegeben. Sie umfasst 576 Seiten. Die Holzschnitte stammen aus der Werkstatt des Nürnberger Malers und Holzschneiders Wilhelm Pleydenwurff und dessen Schwiegervater Michael Wohlgemuth, in dessen Werkstatt auch Albrecht Dürer lernte. Das Werk ist die erste gedruckte und mit zahlreichen Stadt- und Personendarstellungen ausgestaltete Weltgeschichte.

Zu Papst Johannes VII., der Päpstin, heißt es: „Johannes auß engelland erlanget mit boesen kuensten das babstthumb. dann wiewol sie ein weipliche person was so wanndert sie doch in gestalt vnnd geperde eins mannßpilds. vnd zohe noch also jung mit irem liebhaber eim gelerten mann gein Athenas. alda wardt sie der schrift also hohgelert das sie gein rom komende wenig ir gleiche in der heilligen schrift het. Nw erlanget sie mit lesen vnd scharpffem disputiren in scheyn eins mans vnder der verborgenheit irer weiplichkeit zu rom solche guotwilligkeit vnd glawbwirdigkeit das sie nach absterben Leonis an sein stat (als martinus spricht) mit allermenigclichs willen zu babst erkorn wardt. Aber sie wardt nachfolgend von eim irer diener geschwengert. vnnd als sie den leib ettwielang getragen het vnd eins tags in sant Johanßen lateranensischen kirchen geen wolt. do wardt sie zwischen der wunderburg vnd sandt Clementen mit ween befangen vnd gepare vnd starb an derselben statt. Ettlich schreiben wenn ein babst zu der benanten sant Johanßen kirchen geen woell. vnd an dasselb end do das beschehen sey kome. so vermeyde der babst denselben weg in verschmehlicher gedechtnus solcher geschihten. Zum andern wenn ein erwelter babst erstlich in sannt Peters. darzu geloecherten stuol gesetzt werdt so pflege der letst dyacon zu vermeyden der gleichen kuenftiger irrung dem babst seine manliche gepurt glyder durch denselben geloecherten stuol zeberueren."

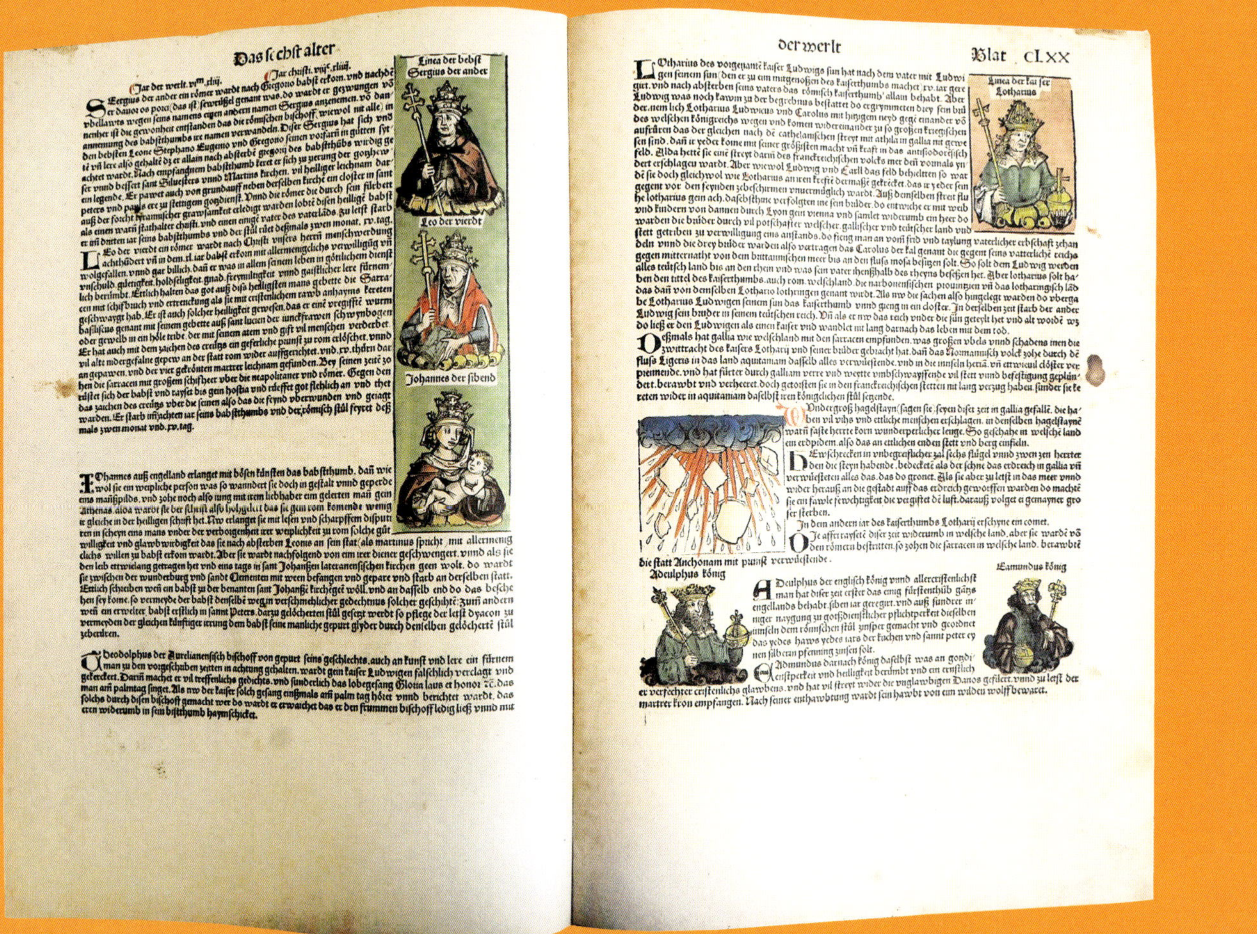

Jar der werlt. vi^m.xliij. Jar christi. viij^c.xliiij.

SErgius der ander ein römer wardt nach Gregorio babst erkorn. vnd nachdẽ er dauor os porci (das ist) sewrüßel genant was. do wardt er gezwungen võ vbellawts wegen seins namens eigen andern namen Sergius anzenemen. võ dannenher ist die gewonheit entstanden das die römischen bischoff (wiewol nit alle) in annemung des babstthumbs ire namen verwandeln. Diser Sergius hat sich vnd den bebsten Leone Stephano Eugenio vnd Gregorio seinen vorfarñ in gutten sytẽ vñ lere also gehaltẽ dz er allain nach absterbẽ gregorij des babstthũbs wirdig geachtet wardt. Nach empfangnem babstthumb keret er sich zu zierung der gotzhewser vnnd bessert sant Siluesters vnnd Martins kirchen. vil heilliger leichnam darein legende. Er pawet auch von grundauff neben derselben kirchẽ ein closter in sant peters vnd pauls ere zu stettigem gotzdienst. Vnnd die römer die durch sein fürbett auß der forcht tyrannischer grawsamkeit erledigt warden lobtẽ disen heilligẽ babst als einen warñ stathalter christi. vnd einen einigẽ vater des vaterlãds. Zu letst starb er im dritten iar seins babstthumbs vnd der stül rüet deßmals zwen monat. xv. tag.

LEo der vierdt ein römer wardt nach Christi vnsers herrñ menschwerdung achthũdert vñ in dem. xl. iar babst erkorn mit allermenigclichs verwilligũg vñ wolgefallen. vnnd gar billich. dañ er was in allem seinem leben in göttlichem dienst vnschuld. güetigkeit. holdseligkeit. gnad. freymiltigkeit vnnd gaistlicher lere fürnemlich berümbt. Ettlich halten das got auß diss heilligsten mans gebette die Sarracen mit schifbruch vnd ertrenckung als sie mit cristenlichem rawb anhayms kereten geschwaygt hab. Er ist auch solcher heilligkeit gewesen. das er einẽ vergifftẽ wurm basiliscus genant mit seinem gebette auß sant lucien der iunckfrawen schwynbogen oder gewelb in ein höle tribe. der mit seinem atem vnd gift vil menschen verderbet. Er hat auch mit dem zaichen des creütz ein geferliche prunst zu rom erlöschet. vnnd vil alte nidergefalne gepew an der statt rom wider auffgerichtet. vnd. xv. thürn daran gepawen. vnd der vier gekrönten martrer leichnam gefunden. Bey seinen zeitẽ zohen die sarracen mit großem schifheer vber die neapolitaner vnd römer. Gegen den rüstet sich der babst vnd rayset bis gein hostia vnd rüeffet got flehlich an vnd thet das zaichen des creütz vber die seinen also das die feynd vberwunden vnd geiagt warden. Er starb im achten iar seins babstthumbs vnd der römisch stül feyret deß mals zwen monat vnd. xv. tag.

JOhannes auß engelland erlanget mit bösen künsten das babstthumb. dañ wiewol sie ein weipliche person was so wanndert sie doch in gestalt vnnd geperde eins mañßpilds. vnd zohe noch also iung mit irem liebhaber eim gelerten mañ gein Athenas. alda wardt sie der schrift also hohgelert das sie gein rom komende wenig ir gleiche in der heilligen schrift het. Nw erlanget sie mit lesen vnd scharpffem disputiren in scheyn eins mans vnder der verborgenheit irer weiplichkeit zu rom solche gütwilligkeit vnd glawbwirdigkeit das sie nach absterben Leonis an sein stat (als martinus spricht) mit allermenigclichs willen zu babst erkorn wardt. Aber sie wardt nachfolgend von eim irer diener geschwengert. vnnd als sie den leib ettwielang getragen het vnd eins tags in sant Johanßen lateranensischen kirchen geen wolt. do wardt sie zwischen der wunderburg vnd sandt Clementen mit ween befangen vnd gepare vnd starb an derselben statt. Ettlich schreiben weñ ein babst zu der benanten sant Johanßẽ kirchẽ geẽ wöll. vnd an dasselb end do das beschehen sey kome. so vermeyde der babst denselbẽ weg in verschmehlicher gedechtnus solcher geschihtẽ: Zum andern weñ ein erwelter babst erstlich in sannt Peters. darzu gelöcherten stül gesetzt werdt so pflege der letst dyacon zu vermeyden der gleichen künftiger irrung dem babst seine manliche gepurt glyder durch denselben gelöchertẽ stül zeberüren.

THeodolphus der Aurelianensisch bischoff von gepurt seins geschlechts. auch an kunst vnd lere ein fürnem man zu den vorgeschuben zeitten in achtung gehalten. wardt gein kaiser Ludwigen falschlich verclagt vnd gekerckert. Dariñ machet er vil treffenlichs gedichts. vnd sunderlich das lobegesang Gloria laus et honor ꝛc. das man am palmtag singet. Als nw der kaiser solch gesang einßmals am palm tag höret vnnd berichtet wardt. das solchs durch disen bischoff gemacht wer do wardt er erwaichet das er den frummen bischoff ledig ließ vnnd mit eren widerumb in sein bistthumb haymschicket.

kaum erschließen und muss hypothetisch bleiben.
Selbst über die Bischöfe und Äbte des ersten Jahrtausends weiß man heute oft nicht mehr als den Namen. Auch die Amtszeiten lassen sich häufig nicht erschließen. Selbst wenn es Aufzeichnungen, z. B. eine „vita" des Bischofs oder Abtes gab, die kurz nach dem Tod erstellt wurde, gerieten die Personen rasch in Vergessenheit, wenn es keine weiteren Abschriften gab und somit kein weiteres Interesse an ihnen bestand.
Eine gute Quellenlage ist im Allgemeinen deshalb kein Zufall! Sie besteht nur dann, wenn frühzeitig eine Lebensbeschreibung verfasst wurde und das Interesse infolge von Stiftungen, verwandtschaftlichen Beziehungen, Heiligenverehrung und Ähnlichem von den nachfolgenden Generationen wach gehalten wurde. Der Adel beispielsweise benötigte zur Legitimation seiner Macht den Verweis auf seine Vorfahren, so dass in einem solchen Fall häufiger schriftliche Zeugnisse vorliegen und aufbewahrt wurden. Auf der anderen Seite blieb die Abfassungen von Lebensbeschreibungen dann aus, wenn kein Bedarf oder kein Interesse an der Verbreitung einer Vita bestand, weil damit beispielsweise ein anderes Herrschergeschlecht gerühmt worden wäre. Dies ist auch der Grund, weshalb es über König Konrad (um 881–918), seit 906 Herzog von Franken und von 911 bis 918 König des Ostfrankenreichs, der zwischen den Geschlechtern der Karolinger und der Ottonen herrschte, kaum schriftliche oder andere Zeugnisse gibt, da er keine Nachfolger hatte, die sein Leben hätten heroisieren wollen. Deshalb könnte es sein, dass es möglicherweise nur deshalb keine Aufzeichnungen aus der Zeit vor 1200 über die Päpstin gibt, da auch kein Interesse aus ihrem Umfeld bestand, ihre Vita der Nachwelt mitzuteilen. Ein „Vernichtungsfeldzug" der Unterlagen zur Päpstin seitens des Vatikan hätte sicher nur wenig genutzt, wenn Handschriften zum Leben der Päpstin eine weite Verbreitung gefunden hätten.
Einschränkend muss zudem über mittelalterliche Viten gesagt werden, dass diese nur bedingt als historische Wahrheit zu interpretieren sind, da häufig nicht die reale, sondern die erbauliche Seite der Erzählung überwiegt. Dabei gilt zu beachten, dass im Früh- und Hochmittelalter die Viten fast ausschließlich von einem Kleriker, einem Mönch oder seltener von einer Nonne im Auftrag geschrieben wurden. Eine persönliche nähere Kenntnis der beschriebenen Person bestand selten. Der Inhalt erfolgte nach Wunsch und Anweisung des Auftraggebers.
Heiligenviten waren wie die Bibel Darstellungen der Heilsgeschichte, veranschaulicht am Leben eines einzelnen Menschen. Es ging neben dem historischen Aspekt um einen übertragenen Sinn kombiniert mit einer ethischen

Darstellung des hl. Martin, der dem Bettler seinen Mantel überlässt, sog. Bassenheimer Reiter, um 1240 vermutlich vom sog. Naumburger Meister für den Westlettner des Mainzer Doms geschaffen, Sandsteinrelief heute in der Pfarrkirche von Bassenheim

Forderung an den Leser. Anders formuliert folgt der historischen Beschreibung eine „Predigt" und, darauf aufbauend, die Lehre von der „Predigt". Als Beispiel kann die berühmte Martinslegende gelten, die Sulpicius Severus, der Martin von Tours noch persönlich kannte, verfasste. Zunächst schildert er das historische Ereignis der Begegnung mit dem Bettler im besonders kalten Winter vor dem Stadttor von Amien. Es folgt die höhere Ebene mit der Schilderung des Traums, den Martin in der folgenden Nacht hatte und in dem Christus selber mit dem Mantelteil des Bettlers erschien und den Engeln erklärte, Martin habe ihn auf diese Weise bekleidet. Als heilsgeschichtliche Deutung und im übertragenen Sinn bedeutet dies: Martin begegnete in dem Bettler in Wirklichkeit Christus. Als ethische Folgerung wird vom Leser oder Zuhörer gefordert, es Martin gleich zu tun. Ein ähnlicher Text-Aufbau lässt sich – wenn auch unter negativem Vorzeichen – tendenziell auch für einige Päpstinnen-Viten feststellen.

Bevor die zahlreichen Varianten der Lebensbeschreibungen der Päpstin Johanna jedoch analysiert werden, folgt zunächst ein Blick auf die Lebensverhältnisse und die Stellung der Frau im Frühmittelalter. Dabei gilt das Interesse nicht zuletzt den berühmten Frauen dieser Zeit.

Ausschnitt aus der Wandmalerei „Das Konzil von Trient (1590–1593)" von Pasquale Cati da Jesi, Kirche Santa Maria in Trastevere in Rom.
Als zentrale Person im Vordergrund ist nicht die Päpstin Johanna, sondern die Allegorie der Ecclesia triumphans, d. h. die triumphierende Papstkirche dargestellt.

FRAUEN IM FRÜHMITTELALTER

Dietkirchenmadonna, St. Johann Baptist und Petrus in Bonn, eines der qualitätvollsten Werke der rheinischen Hochgotik, um 1350

Frauen und das Christentum

Ein Gang durch die Mittelalterabteilung von Gemälde- und Skulpturensammlungen oder durch katholische Gotteshäuser bzw. evangelische Kirchen, die ihre mittelalterliche Ausstattung erhalten haben, verrät, dass weibliche Heilige – allen voran die Gottesmutter Maria – in großer Zahl abgebildet sind. Sie stehen ihren männlichen „Kollegen" weder in der Größe der Darstellung noch im künstlerischen Aufwand nach. Vielmehr sind sie gleichwertig und gleichberechtigt.

Der Gleichheitsgedanke, der Frauen und die in der Antike gesellschaftlich missachteten Personen, wie die Sklaven, mit einbezog, ist einer der Stärken und war einer der Neuerungen des Christentums in der Zeit der Antike. Dieser revolutionäre, von Jesus gepredigte Gedanke der Gleichstellung aller Menschen, verdankt das Christentum seine Beliebtheit bei den diskriminierten Bevölkerungsgruppen, zu denen letztlich auch die Frau gehörte. Somit war der Gleichheitsgedanke für die schnelle Verbreitung des christlichen Glaubens in frühchristlicher Zeit maßgeblich verantwortlich. In diesem Punkt stellen die Monumentalfilme der 1950er Jahre, die Themen zum frühen Christentum behandelten, die historische Wirklichkeit relativ gut dar, als es häufig Frauen waren, die sich dem christlichen Glauben zuwandten und sich für ihn einsetzten. Ohnehin fällt auf, dass viele im Mittelalter als heilig verehrte Frauen im 3. und 4. Jahrhundert lebten und als Märtyrerinnen gelten, wie die „drei heiligen Madel" und Jungfrauen Barbara, Margaretha und Katharina oder die hl. Agnes von Rom.

Eng mit dem Gleichheitsgedanken verbunden ist auch das Gebot der Nächstenliebe. Es verwundert nicht, dass die daraus abgeleitete soziale Fürsorge für Arme und Kranke Frauen aufgrund ihrer sozialen Kompetenz entgegen kam und die Akzeptanz des Christentums unterstützte, zumal der Bedürftige vom sozialen Einsatz des Christentums und insbesondere der Frauen profitierte. Wie revolutionär der Gedanke der Nächstenliebe war und welche Innovation dahinter steht, wird erst deutlich, wenn man sich vor Augen führt, dass die Antike keine Armenfürsorge kannte. Denn die Oberschichten des Römischen Reiches stifteten ihren Mitbürgern repräsentative Bauwerke oder Vergnügungen. Sie wurden aber nicht karitativ tätig. Es kann daher nicht verwundern, dass es eine Christin war, die hl. Fabiola von Rom († 399), die ein Siechenhaus in Rom gründete, das als erstes Krankenhaus der westlichen Welt gilt. Die Gründung war religiös motiviert, wie ihr Lebenslauf zeigt. Als couragierte Frau ließ sich Fabiola von ihrem ersten Mann scheiden, was den Ausschluss aus der christlichen Gemeinde von Rom zur Folge hatte. Nach dem Tod ihres zweiten Mannes leistete sie öffentlich Buße und kehrte in die Kirchengemeinde zurück. Fabiola gründete das Siechenhaus und folgte dem hl. Hieronymus zu einer Wallfahrt ins Heilige Land. Dort lebte sie in dem von der hl. Paula gegründeten Kloster. 395 richtete sie in Rom zusätzlich ein Pilgerhospiz ein.

Der Gleichheitsgedanke und die Armenfürsorge eröffnete Frauen in der christlichen Gesell-

Sant'Agnese fuori le mura in Rom, Darstellung der hl. Agnese im Zentrum des Apsismosaiks, begleitet von den Päpsten Symmachus (498–514) und Honorius I. (625–638), der die Kirche und das Mosaik stiftete. Die hl. Agnes nimmt im Apsismosaik die Stelle von Christus ein.

Agnes von Rom (um 237–250) hatte sich – der Überlieferung nach – als Zwölfjährige geweigert, den Sohn des Präfekten von Rom zu heiraten, da sie die Ehelosigkeit um Christi Willen gelobt hatte. Deshalb wurde sie vor Gericht gestellt. Da selbst der Richter sie nicht von ihrem Gelübde abbringen konnte und das römische Recht die Hinrichtung von Jungfrauen verbot, befahl man, Agnes zu entkleiden und zu vergewaltigen. Doch nach der Entkleidung bedeckten auf wundersame Weise ihre Haare ihren Körper, und der Platz erstrahlte in weißem Licht. Beim Versuch der Vergewaltigung wurde der Sohn des Präfekten von einem Dämon heimgesucht und starb. Agnes rief ihn jedoch durch ihr Gebet ins Leben zurück, weshalb sie als Zauberin oder Hexe auf dem Scheiterhaufen verbrannt werden sollte. Doch selbst das Feuer wich von ihr zurück. Schließlich enthauptete sie ein römischer Soldat mit dem Schwert. Die Kirche Sant' Agnese fuori le mura steht an der Stelle des Martyriums.

Adam und Eva (Maarten van Heemskerck, Musée des Beaux-Arts de Strasbourg). Man beachte die Hervorhebung des Geschlechtsunterschieds durch die Verwendung verschiedenfarbiger Inkarnate.

schaft neue Möglichkeiten, die ihnen mit der römischen Staatsreligion verwehrt waren. Denn die römische Religion ging davon aus, alles werde durch den Willen der Götter gelenkt und regiert. Es musste durch das eigene Handeln – durch Gebet, Opfer und Weihegaben – vermieden werden, den Zorn der Götter zu erregen. Veränderungen, z. B. im sozialen Verhalten, schloss dies geradezu aus.

Die Attraktivität des Christentums für Frauen in der Spätantike ergab sich auch aus der Bedeutung, die Maria, der Gottesmutter und Gottesgebärerin, entgegengebracht wird. Auch die christliche Sexualethik mit dem Schutz der Ehe förderte die Akzeptanz des Christentums bei Frauen.

Der einzige wesentliche Unterschied zu Männern war jedoch, dass Frauen seit der christlichen Urgemeinde das Amt des Priesters verwehrt war. Die priesterlichen Funktionen und somit die Liturgie, Seelsorge und der Vollzug der Messe waren den Männern vorbehalten. Als Ursache dafür galt die Stellung der Frau innerhalb der Schöpfungsgeschichte im Alten Testament: Gott schuf Adam vor Eva. Eva wurde aus der Rippe Adams geschaffen. Hinzu kommt Evas Anteil an der Erbsünde, d. h. der Verführung Adams, der von der Frucht des verbotenen Baumes kostete. Als Folge wurden die ersten Menschen aus dem Paradies vertrieben.

Bekanntermaßen gilt die Einschränkung des Priesteramts auf Männer bis heute für die römisch-katholische und die orthodoxe Kirche, während die protestantischen Kirchen zu großen Teilen auch Frauen zu Priestern weihen. Aus heutiger Sicht ist nur schwer nachvollziehbar, dass die aus dem Weltbild der Zeit um 900 v. Chr. entstandene Schilderung des Alten Testaments und eine Stelle aus dem Korintherbrief (siehe S. 19) den Ausschluss der Frauen vom Priesteramt und die Unterordnung unter den Mann rechtfertigt.

Die Beziehung Frau – Mann

Das Leben im Frühmittelalter verlief – im Gegensatz zu heute – monoton und langsam, andererseits jedoch äußerst beschwerlich und vor allem unkalkulierbar. Denn Dürre- und Regenzeiten hatten aufgrund der unzulänglichen Konservierungs-, Lagerungs- und Anbaumethoden von Lebensmitteln einen erheblichen Einfluss auf die Ernährungslage und in deren Folge aufgrund von Verteilungskämpfen auf räuberische und kriegerische Auseinandersetzungen. Hungersnöte und Gewalt waren an der Tagesordnung. Um uns die Lebensbedigungen in Mitteleuropa zu veranschaulichen, müssen wir einen Blick auf die wenigen noch relativ ursprünglich lebenden Menschen außerhalb Europas werfen, die in strohgedeckten Holzhäusern und Klein-Ansiedlungen wohnen, ihren täglichen Bedarf mit einfachen Mitteln und körperlicher Arbeit herstellen und ihre Lebensmittel überwiegend selber anbauen und durch Jagd bzw. Fischfang und Viehzucht ergänzen. Man mache sich klar, dass selbst die Ärmsten unserer heutigen Gesellschaft gesundheitlich und kulinarisch weit besser versorgt sind als die Kaiser und Könige des Frühmittelalters.

Erst als sich der schwere Pflug und die Dreifelderwirtschaft im 11. Jahrhundert in Mitteleuropa flächendeckend durchsetzten, kam es zu einer besseren Ernährungsituation für die Menschen und zu einem spürbaren Bevölkerungswachstum. Damit verbunden war die Gründung von Städten besonders im 11. und 12. Jahrhundert sowie die Entstehung eines florierenden Handels und der Geldwirtschaft.

Die soziale Stellung der Frau im Frühmittelalter ist anhand der Quellen nicht einfach zu erschließen. Sicher ist, dass die gesellschaftliche Rolle der Frau von ihrer sozialen Herkunft und ihrem Gesundheitszustand abhängig war, die Gesundheit wiederum von der Qualität der Ernährung bestimmt wurde. Einen hohen Stellenwert besaß auch der Wunsch nach Kindern, die Arbeitskraft und Sicherung im Alter bedeuteten. Deshalb war die Gebärfähigkeit einer Frau von großer Bedeutung für die Partnerwahl, zumal die Menschen schneller alterten und die Lebenserwartung – bei Frauen nicht zuletzt aufgrund der vielen Geburten – kaum über dreißig Jahre lag und viele Kinder früh verstarben.

Geprägt von alten Traditionen, konnte die „Ehe" von Mann und Frau im frühen Mittelalter durch einen Vertrag zwischen zwei Familien mit Handschlag oder durch eine Heiratszeremonie am „Brautbett" vollzogen werden. Im Rahmen dieses „Ehevertrags" erhielt die Frau gewöhnlich das Wittum bzw. die Morgengabe, d. h. einen eigenständigen Besitz als Versorgung im Witwenstand oder, was öfter vorkam, bei der Verstoßung vom Bräutigam. Dabei handelte es sich meistens um einen lebenslänglichen Nießbrauch an Grundstücken. Häufig traten adelige Frauen als Witwen in ein Kloster ein, dem sie ihren Erbteil vermachten. Die hier beschriebene „Ehe" wurde allerdings nur in den Schichten geschlossen, bei denen es etwas zu vererben gab, d. h. in der adeligen Oberschicht und bei Bauern.

Dagegen konnten diese Vereinbarung nicht für die mittellose Gesellschaft gelten, da nichts zu vererben war. Hier stand die Frau gewöhnlich in vollständiger rechtlicher und finanzieller Abhängigkeit vom Ehemann, der die Frau nach Belieben züchtigen und verstoßen durfte, wie es auch in der Verfilmung „Die Päpstin" nach dem Roman von Donna W. Cross durch den Vater Johannas vorgeführt wird. Zu welcher Brutalität Männer fähig sind, wenn es durch die Tradition gesellschaftlich legitimiert ist, zeigen die Ehrenmorde, Zwangsverheiratungen

Im 8. Jahrhundert prägten sächsische Hofanlagen die Bebauung Westfalens, bestehend aus einem großen Hauptgebäude und Nebengebäuden, zu denen Scheunen, Speicher und Grubenhäuser gehörten. Eine derartige, von einem Zaun umgebene Anlage ist der sogenannte „Sachsenhof" (oben), ein rekonstruiertes frühmittelalterliches Gehöft bei Greve nördlich von Münster. Das Hauptgebäude (Mitte), in der die gesamte Familie, bestehend aus 8 bis 12 Personen, lebte, war ein großes Hallenhaus auf einem fast schiffsförmigen Grundriss mit leicht nach außen gebogenen Längswänden und schräg gestellten Außenpfosten. Die Scheune nahm neben Arbeitsgeräten auch einen Teil der Ernte und Futtervorräte für den Winter auf. Im Grubenhaus (unten) stand häufig ein Webstuhl zur Textilverarbeitung.

und Verstümmelungen, wie sie noch immer in einigen und vor allem moslemischen Teilen der Welt vorkommen. Die Gesichtsverstümmelungen moslemischer Frauen wie im Fall der 18-jährigen Aisha, die mit einem Taliban in der südafghanischen Provinz Urusgan verheiratet war, der ihr Nase und Ohren abschnitt, weil sie von zu Hause weggelaufen sei, sind so grausam, dass dafür keine Worte gefunden werden können. Laut UN-Angaben haben fast 90 Prozent der afghanischen Frauen unter häuslicher Gewalt zu leiden. Es stellt sich daher die Frage, wie die Gewalt gegenüber Schwächeren in einer vom Christentum geprägten Welt des Frühmittelalters aussah. In diesem Zusammenhang ist eine Äußerung Bischof Pilgrims von Passau (um 920 – 991) von Interesse, der meinte, ein Wiederverheiratungsverbot nach Ehescheidungen sei nur eine Aufforderung zum Mord. Die Aussage macht deutlich, dass die Tradition der Züchtigung und Verstoßung von Ehefrauen und die Gewaltanwendung bis zur Todesfolge offenbar vorkamen und dass somit die christlichen Errungenschaften von Nächstenliebe und Gleichheit der Menschen sowie die Anwendung der Zehn Gebote in der Praxis in dem vom 7. bis 10. Jahrhundert christianisierten „Germanien" nicht konsequent gelebt wurden. Andererseits darf bei aller Kritik an sozialen und religiösen Zuständen sowie religiös motivierten Kriegen nicht unterschätzt werden, dass erheblich mehr Gewalttaten – sicher auch gegen Frauen – und Kriege durch christliches Handeln vermieden wurden.

Titelbild der Zeitschrift „Time" vom 9. August 2010, das die 18-jährige Aischa aus Afghanistan zeigt, deren Ehemann ihr die Nase und Ohren abschnitt

Gegen das Brauchtum, Ehen ohne Einverständnis der Eheleute zu bestimmen und zu scheiden, konnte jedenfalls die Institution Kirche zunächst wenig ausrichten, da Eheschließungen als rein rechtliche Angelegenheit betrachtet wurden. Erst seit dem Hochmittelalter war die Hochzeit ein sakraler Akt. Deshalb waren die Bemühungen der Geistlichkeit meistens vergeblich, den Adel dazu zu bewegen, Rücksicht auf die Frauen zu nehmen. Denn vor allem in der adeligen Gesellschaft spielten die Fortpflanzung und die familären Verbindungen, die sich aus Ehen ergaben, die häufig wichtigste Rolle für die Wahl des weiblichen Partners. In der Oberschicht nahm der Mann vor allem dann Rücksicht auf seine Frau, wenn Beziehungen zur Verwandtschaft gepflegt werden mussten. War das Bündnis nicht mehr von politischem Nutzen, konnte die Ehe getrennt werden.

Häufig werden die Beziehungen zwischen Mann und Frau auch aus Liebe entstanden sein, wie mittelalterliche Liebeserzählungen zeigen. Nicht zuletzt war die Ehe außerdem eine Funktionsgemeinschaft, bei der die Frau für die Geburt und die Erziehung der Kinder, die Hausarbeit, Versorgung von Tieren, als Bäuerin zusätzlich für die Feldarbeit verantwortlich war.

Michelangelo: Sündenfall und Vertreibung aus dem Paradies in der Sixtinischen Kapelle, 1508–1512

In ihrem Roman „Die Päpstin" schildert Donna W. Cross eine zumeist frauenverachtende mittelalterliche Gesellschaft. Für das Negativbild stehen in dem Roman die Äußerung ihres Vaters und des Domschullehrers. Dem stellt sie allerdings Bischof Fulgentis und Klosterbruder Benjamin als positive Personen entgegen und veranschaulicht damit auch die Bandbreite der denkbaren Verhaltensmuster und Ansichten innerhalb der frühmittelalterlichen Lebenswelt. Vor allem geht es um die Frage, ob Frauen Bildung erhalten sollten bzw. durften oder nicht.

Zunächst soll ein Blick auf die philosophisch-theologischen Schriften geworfen werden. Die Aussagen hatten – um es bereits vorwegzunehmen – allerdings kaum einen Bezug zum Lebensalltag und dienten offenbar der Legitimation der Machtposition des männlichen Geschlechts. Denn sowohl während der Antike als auch im Mittelalter vertreten die Philosophen bzw. Theologen häufig die Auffassung, Frauen seien im Vergleich zu den Männern das von Natur aus untergeordnete Geschlecht. Frauen hatten ihre Existenzberechtigung in erster Linie als „Gehilfin des Mannes beim Werke der Zeugung", wie es der Dominikaner Thomas von Aquin (um 1225–1274) formulierte, sich dabei auf antike Schriften, z. B. des Philosophen Aristoteles (384–322 v. Chr.), berufend. Frauen wurde eine geistige Minderwertigkeit, eine natürliche Labilität, Leichtfertigkeit, sogar Habgier und Neid unterstellt. Die moralische und körperliche Schwäche hielt man für gottgegeben, auch wenn sich die Vorbehalte in der Praxis wiederlegen ließen, wie es in entsprechenden Romanerzählungen auch zum Ausdruck gebracht wird, etwa in der Erzählung von Aristoteles und Phyllis (siehe S. 21, 22).

Als Untermauerung der Thesen der schwachen Frau galten Bibelstellen. In erster Linie war es die bereits zitierte Erbsünde, die negativ auf die Frau zurückfiel (siehe S. 18). Die christliche Interpretation des Südenfalls machte allein Eva für die

Der Sündenfall

Altes Testament, Buch Genesis
1. Mose 2. Kap.
15 Und Gott der HERR nahm den Menschen und setzte ihn in den Garten Eden, dass er ihn baute und bewahrte. 16 Und Gott der HERR gebot dem Menschen und sprach: Du sollst essen von allerlei Bäumen im Garten; 17 aber von dem Baum der Erkenntnis des Guten und des Bösen sollst du nicht essen; denn welches Tages du davon ißt, wirst du des Todes sterben. 18 Und Gott der HERR sprach: Es ist nicht gut, dass der Mensch allein sei; ich will ihm eine Gehilfin machen, die um ihn sei.
... 21 Da ließ Gott der HERR einen tiefen Schlaf fallen auf den Menschen, und er schlief ein. Und er nahm seiner Rippen eine und schloss die Stätte zu mit Fleisch. 22 Und Gott der HERR baute ein Weib aus der Rippe, die er vom Menschen nahm, und brachte sie zu ihm. 23 Da sprach der Mensch: Das ist doch Bein von meinem Bein und Fleisch von meinem Fleisch; man wird sie Männin heißen, darum dass sie vom Manne genommen ist. 24 Darum wird ein Mann Vater und Mutter verlassen und an seinem Weibe hangen, und sie werden sein ein Fleisch. 25 Und sie waren beide nackt, der Mensch und das Weib, und schämten sich nicht.

1. Mose 3. Kap.
1 Und die Schlange war listiger denn alle Tiere auf dem Felde, die Gott der HERR gemacht hatte, und sprach zu dem Weibe: Ja, sollte Gott gesagt haben: Ihr sollt nicht essen von den Früchten der Bäume im Garten? 2 Da sprach das Weib zu der Schlange: Wir essen von den Früchten der Bäume im Garten; 3 aber von den Früchten des Baumes mitten im Garten hat Gott gesagt: Esst nicht davon, rührt's auch nicht an, dass ihr nicht sterbt. 4 Da sprach die Schlange zum Weibe: Ihr werdet mitnichten des Todes sterben; 5 sondern Gott weiß, dass, welches Tages ihr davon esst, so werden eure Augen aufgetan, und werdet sein wie Gott und wissen, was gut und böse ist. 6 Und das Weib schaute an, dass von dem Baum gut zu essen wäre und dass er lieblich anzusehen und ein lustiger Baum wäre, weil er klug machte; und sie nahm von der Frucht und aß und gab ihrem Mann auch davon, und er aß. 7 Da wurden ihrer beiden Augen aufgetan, und sie wurden gewahr, dass sie nackt waren, und flochten Feigenblätter zusammen und machten sich Schürze. 8 Und sie hörten die Stimme Gottes des HERRN, der im Garten ging, da der Tag kühl geworden war. Und Adam versteckte sich mit seinem Weibe vor dem Angesicht Gottes des HERRN unter die Bäume im Garten. 9 Und Gott der HERR rief Adam und sprach zu ihm: Wo bist du? 10 Und er sprach: Ich hörte deine Stimme im Garten und fürchtete mich; denn ich bin nackt, darum versteckte ich mich. 11 Und er sprach: Wer hat dir's gesagt, dass du nackt bist? Hast du nicht gegessen von dem Baum, davon ich dir gebot, du solltest nicht davon essen? 12 Da sprach Adam: Das Weib, das du mir zugesellt hast, gab mir von dem Baum, und ich aß. 13 Da sprach Gott der HERR zum Weibe: Warum hast du das getan? Das Weib sprach: Die Schlange betrog mich also, dass ich aß. 14 Da sprach Gott der HERR zu der Schlange: Weil du solches getan hast, seist du verflucht vor allem Vieh und vor allen Tieren auf dem Felde. Auf deinem Bauche sollst du gehen und Erde essen dein Leben lang. 15 Und ich will Feindschaft setzen zwischen dir und dem Weibe und zwischen deinem Samen und ihrem Samen. Derselbe soll dir den Kopf zertreten, und du wirst ihn in die Ferse stechen. 16 Und zum Weibe sprach er: Ich will dir viel Schmerzen schaffen, wenn du schwanger wirst; du sollst mit Schmerzen Kinder gebären; und dein Verlangen soll nach deinem Manne sein, und er soll dein Herr sein. 17 Und zu Adam sprach er: Dieweil du hast gehorcht der Stimme deines Weibes und hast gegessen von dem Baum, davon ich dir gebot und sprach: Du sollst nicht davon essen, verflucht sei der Acker um deinetwillen, mit Kummer sollst du dich darauf nähren dein Leben lang. 18 Dornen und Disteln soll er dir tragen, und sollst das Kraut auf dem Felde essen. 19 Im Schweiße deines Angesichts sollst du dein Brot essen, bis dass du wieder zu Erde werdest, davon du genommen bist. Denn du bist Erde und sollst zu Erde werden. 20 Und Adam hieß sein Weib Eva, darum dass sie eine Mutter ist aller Lebendigen. 21 Und Gott der HERR machte Adam und seinem Weibe Röcke von Fellen und kleidete sie. 22 Und Gott der HERR sprach: Siehe, Adam ist geworden wie unsereiner und weiß, was gut und böse ist. Nun aber, dass er nicht ausstrecke seine Hand und breche auch von dem Baum des Lebens und esse und lebe ewiglich! 23 Da wies ihn Gott der HERR aus dem Garten Eden, dass er das Feld baute, davon er genommen ist, 24 und trieb Adam aus und lagerte vor den Garten Eden die Cherubim mit dem bloßen, hauenden Schwert, zu bewahren den Weg zu dem Baum des Lebens.

fatalen Folgen der Ursünde verantwortlich. Ihr sündhaftes Verhalten wurde zum Fluch für alle Frauen, die fortan als schwaches, minderwertiges, für Lust und animalische Sinnlichkeit besonders empfängliches Geschlecht galten, während dem Mann die Vernunft als ureigene Charaktereigenschaft zugewiesen wurde. Von Frauen schien größte moralische Gefahr für den Mann auszugehen, wenngleich es in der Praxis eher umgedreht war und ist.

Neben dem Sündenfall war es eine Bibelstelle aus dem Neuen Testament, die als Argument für die Unterordnung der Frau gegenüber dem Mann herangezogen wurde. Im 1. Korintherbrief 14, 34 und 35 heißt es: „Wie in allen Gemeinden der Heiligen lasset eure Weiber schweigen in der Gemeinde; denn es soll ihnen nicht zugelassen werden, dass sie reden, sondern sie sollen untertan sein, wie auch das Gesetz sagt. Wollen sie aber etwas lernen, so lasset sie daheim ihre Männer fragen. Es steht den Weibern übel an, in der Gemeinde zu reden." Das umstrittene Bibelzitat aus dem ersten Brief des Paulus an die Korinther, im Jahr 54 oder 55 verfasst, soll an dieser Stelle nicht näher erläutert werden. Es genügt der Hinweis, dass sich der Abschnitt des Koritherbriefs auf Weissagungen (1. Kor. 11, 5) bezieht. Darüber hinaus ist in der neutestamentlichen Textforschung und der biblischen Theologie umstritten, ob der Text von Paulus stammt oder eine nachträgliche Einfügung ist. Die in theologischen Kreisen häufig zitierte Textstelle hatte jedoch erhebliche Konsequenzen: Keine Frau habe einen Mann zu belehren!

Donna W. Cross lässt in ihrem Roman den Domschullehrer Odo die wichtigsten Bibelzitate zusammenfassen: „Eine Frau soll sich still und in aller Unterordnung belehren lassen. Daß eine Frau lehrt, erlaube ich nicht, auch nicht, daß sie über ihren Mann herrscht; sie soll sich still verhalten. Denn zuerst wurde Adam erschaffen und danach Eva. Und nicht Adam wurde verführt, sondern die Frau ließ sich verführen und übertrat das Gebot."

Theologisch gefestigt wurden die Ansichten der gottgegebenen Herrschaft des Mannes über die Frau auch durch die Schriften des Kirchenvaters Hieronymus (347–420), der sich dabei auf antike Schriften bezog. In der Praxis gab sich Hieronymus dagegen keineswegs frauenfeindlich und stand mit gelehrten Frauen in engem Austausch. So reiste er mit Paula von Rom (347–404) und ihrer Tochter Eustochium nach Bethlehem, um dort drei Klöster für geweihte Jungfrauen und eines für Mönche zu gründen und an den heiligen Stätten Jesu in Askese zu leben.

Den negativen Bibelzitaten stehen auch gänzlich andere Äußerungen gegenüber,

Masaccio: Vertreibung aus dem Paradies, Fresko in der Kirche Santa Maria del Carmine in Florenz, 1424

links: Francisco de Zurbarán: Hl. Hieronymus mit der hl. Paula und ihrer Tochter, der hl. Eustochium, Öl auf Leinwand, 1638/40, National Gallery of Art, Washington (D.C.)

* „Frauen sind von Natur aus nur in sehr begrenztem Maße fähig, logische Schlüsse zu ziehen. ... Ihre natürlichen Körpersäfte sind kalt und feucht und von daher für eine nennenswerte Hirntätigkeit ungeeignet, zumal die brauchbaren Teile des weiblichen Hirns ohnehin winzig klein sind. Frauen sind nicht imstande, höhere Begriffe oder gar gedankliche Konzepte spiritueller und moralischer Natur zu begreifen".

wenn etwa Papst Gregor der Große (amt. 590–604) die Überzeugung vertrat, Frauen stünden ihrem Wesen nach Christus näher als Männer. Er berief sich auf die erste Erscheinung Christi vor einer Frau – Maria Magdalena. Im 12. Jahrhundert äußerte der französische Theologe Petrus Abaelardus (1079–1142) in seinen Briefen an die Äbtissin Heloisa von Paraklet (amt. 1135–64) eine ähnlich hohe Meinung von der Würde und geistlichen Qualität von Frauen. Hildegard von Bingen vertrat die Auffassung der Gleichrangigkeit und Gottesebenbildlichkeit von Mann und Frau.

Damit ergibt sich ein vollständig uneinheitliches Bild für die Stellung der Frau gegenüber dem Mann in den Äußerungen der Theologen. Ohnehin stellt sich die Frage, ob sich Nicht-Theologen mit dieser Thematik auseinandersetzten, zumal die Texte auf Latein verfasst waren. Vielmehr ist anzunehmen, dass die Macht des Stärkeren den Alltag prägte und einen größeren Anteil an der meist schwächeren Stellung der Frau gegenüber dem Mann hatte als philosophische bzw. theologische Schriften. Auch sind Hildegard von Bingen und die hl. Lioba Belege dafür, dass Ratschläge und Vorträge von Frauen selbst beim höchsten Adel und beim Klerus gefragt und geschätzt waren. Mit der Lebenswirklichkeit hatte das Bibelzitat des Korintherbriefs nichts zu tun. Ebenso übergaben Adelige sowohl ihre Söhne als auch ihre Töchter in jungen Jahren zur Ausbildung den Klöstern, damit sie dort Lesen und Schreiben lernen. Für die arme Bevölkerung war die Möglichkeit der Ausbildung – für Jungen und Mädchen gleichermaßen – dagegen begrenzt.

Daher stellt sich die Frage, ob sich das Leben und die Bildung der Frauen grundsätzlich negativ darstellte, zumal es regionale und zeitliche Unterschiede gegeben haben wird, nicht zuletzt auch in den verschiedenen Gesellschaftsschichten.

Die Diskrepanz zwischen Theorie und Praxis veranschaulicht Donna W. Cross auch in ihrem Roman in der Gegenüberstellung des Domschullehrers Odo, der sich auf die theologischen Schriften beruft*, und Bischof Fulgentius, der den Äußerungen nur entgegnet: „Ich habe diese Meinung bereits des öfteren gehört. ... Aber wie erklärt Ihr Euch dann die gelehrten Errungenschaften dieses Mädchens?"

Ein typisch mittelalterliches Phänomen war darüber hinaus die Dämonisierung des weiblichen Körpers. Vor allem aus Sicht des Klerus waren die sexuellen Reize der Frau und die daraus resultierende sexuelle Versuchung, gegen die der Mann bestehen musste, ein Werkzeug des Teufels. Es bestand die Vorstellung, der Teufel habe sich in attraktive Frauen verkleidet oder – anders formuliert – die Frau sei eine ver-

Heinrich Aldegrever: Mönch und Nonne, Kupferstich, 1530. Die Frau als Verführerin des Mannes und insbesondere der Geistlichkeit wurde im Zuge der Religionskritik der Reformationszeit ein Bildthema. Als moralisches Problem wurde die weibliche Versuchung jedoch während des gesamten Mittelalters seitens der Geistlichkeit thematisiert.

führerische Verkleidung desselben. Der Zusammenhang Frau = Werkzeug des Teufels wird nicht zuletzt in den Viten zur Päpstin immer wieder hergestellt. Dabei bestand die Vorstellung, Frauen dienten dazu, die Männer zu verführen und ins Verderben zu stürzen. Frauen schienen deshalb aus Sicht einiger Theologen eine permanente Gefahr für den Mann darzustellen. Männer, die sich an Frauen vergingen, sahen sich bisweilen als unschuldige Opfer des Teufels. Merkwürdig ist bei all dieser theoretischen Moralisierung jedoch, dass es im Alltag Männer sind, die den Kontakt zu Frauen suchen und dass eines der florierendsten Gewerbe im Hoch- und Spätmittelalter in den Städten die Prostitution war. Bekannt ist, dass sich die Prostituierten teilweise sogar in Zünften organisierten.

Das Motiv der Verführung des Mannes durch eine Frau geht erneut auf den im Alten Testament beschriebenen Sündenfall zurück. Eva ihrerseits war von der Schlange (= Teufel) dazu verführt worden, den Apfel zu essen und Adam dazu zu bringen. Deshalb erscheint die Schlange am Baum der Erkenntnis als Reptil gelegentlich mit Frauenkopf oder Frauenkörper, wie es etwa Michelangelo in der Sixtinischen Kapelle darstellte (Abb. S. 17).

Gemälde, Zeichnungen und Druckgrafiken von Hans Baldung Grien (1484/85–1545) erweitern die Thematik „Die Frau als Verführerin und Werkzeug des Teufels" um die Varianten Erotik, Tod und Hexenwesen. Eine Ausstellung im Frankfurter Städel mit Werken des Malers lautete vor einigen Jahren „Hexenlust und Sündenfall. Die seltsamen Phantasien des Hans Baldung Grien". Bodo Brinkmann veranschaulichte eindrucksvoll als Autor des Katalogs und Kurator der Ausstellung das permanente Ringen des Mannes um Moral und Sexualität.

1513 schuf Hans Baldung den Holzschnitt „Aristoteles und Phyllis", der weitere Aspekte der Frau-Mann-Beziehung im Mittelalter beleuch-

Hans Baldung Grien: Ungleiches Paar, 1507. Die Reize der Frau und damit die religiös-moralisch verwerfliche sexuelle Versuchung, die man als Werkzeug des Teufels sah, wurden ab etwa 1500 ein Bildthema. Der Kupferstich zeigt einen lüsternden Greis, der sich von seiner jungen und schönen Partnerin verführen lässt, aber nicht merkt, dass sich diese bereits an seinem Geldbeutel vergreift.

Hans Baldung Grien: Aristoteles und Phyllis, 1513, Holzschnitt. Auch als „Weibermacht" tituliert, reitet Phyllis den großen Philosophen Aristoteles, der sich durch Weiberlist zum Narren machte.

S. 23:
Äbtissin Uta von Stift Niedermünster in Regensburg überreicht Maria das Buch, Widmungsbild im Uta-Evangeliar, 1. Viertel des 11. Jahrhunderts, Bayerische Staatsbibliothek München, Clm 13601, fol. 2r

Frauenklöster waren Stätten des Lesens und Schreibens. In Frauenklöstern entstanden teilweise sehr bedeutende Handschriften, wie z. B. das berühmte Uta-Evangeliar aus dem Niedermünster in Regensburg. Stolz präsentiert sich die Äbtissin als Stifterin des Evangeliars auf dem Widmungsbild.

tet – die Liebe zwischen Mann und Frau sowie die Klugheit und List der Frau.

Das Bildthema „Aristoteles und Phyllis" geht auf eine mittelhochdeutsche Verserzählung eines unbekannten höfischen Dichters aus der Zeit zwischen 1260 und 1287 zurück. Dargestellt ist das Motiv des gelehrten Mannes (Aristoteles), der durch eine schöne Frau (Phyllis) verführt, überlistet und bloßgestellt wird. Das Motiv des Vorführens und Demütigens des Weisen durch eine überlegene Frau ist seit dem 5. Jahrhundert in chinesischen, arabischen und persischen Erzählungen bekannt und war in Europa besonders vom 13. bis 16. Jahrhundert verbreitet. Das Thema dürfte durch die Kreuzzüge aus dem Orient nach Europa gelangt sein. Die Übertragung der Rolle des Weisen auf Aristoteles ist erst in den abendländischen Erzählungen nachweisbar. Das Weiberlistmotiv belegt eindrucksvoll, dass die Einordnung der Frau als geistig minderwertig wohl kaum der Erfahrung der Männer entsprochen haben dürfte. Dies war sicher auch einer der Gründe, weshalb es auch Theologen nicht unvorstellbar war, dass eine Frau durch ihre Intelligenz und List den Papststuhl hätte besteigen können.

Darüber hinaus beinhaltet die romanhafte Verserzählung eine Liebesbeziehung, wie sie zu allen Zeiten denkbar ist. Beschrieben werden der mächtige mazedonische König Phillipp und seine schöne Frau, deren tugendhafter Sohn namens Alexander durch den berühmten Philosophen Aristoteles ausgebildet wird. Als sich Alexander in die hübsche Phyllis verliebt und sich diese öfter im Garten treffen, bleibt auch Aristoteles angesichts der Unkonzentriertheit seines Schülers die Liebesbeziehung nicht verborgen. Aristoteles warnt den Prinzen Alexander vor der Liebe und versucht, die Beziehung zu unterbinden, indem er beim König durchsetzt, dass die Liebenden getrennt werden. Die Trennung schmerzt Phyllis derartig, dass sie für den Liebeskummer Rache nehmen will. Leicht bekleidet, verführt sie Aristoteles, der sie bittet, die Nacht mit ihm für Geld zu verbringen. Phyllis geht zum Schein darauf ein und fordert, dass sie ihn wie ein Pferd satteln und durch den Garten reiten wolle. Aristoteles willigt – blind vor Liebe – ein. Dieses Schauspiel, das die laut singende hübsche Phyllis auf dem unter ihr auf allen Vieren gehenden nackten Philosophen zeigt, bemerken – ganz im Sinne der Phyllis – einige Hofdamen und die Königin, die die Demütigung des Gelehrten innerhalb des Volkes verbreiten. Damit ist Phyllis der Beweis gelungen, dass Aristoteles seinem eigenen Ideal nicht gerecht wird. Daraufhin flieht dieser, um in einem fernen Land über die Weiberlist nachzudenken.

Klosterfrauen

Im Mittelalter waren es die Dom- und Klosterschulen, die entscheidende Träger und Vermittler von Wissen und Bildung waren. Neben der Einweisung in die kirchliche Lehre, die Liturgie und in das Lesen und Schreiben bestand der Unterricht in der Vermittlung der sieben freien Künste, bestehend aus dem Trivium (Grammatik, Dialektik und Rhetorik) sowie dem Quadrivium (Arithmetik, Geometrie, Musik und Astronomie). Viele Klöster besaßen zudem Skriptorien zum Wissenserhalt und zur Wissensverbreitung.

Bildung und die Ausbildung von intellektuellen Fähigkeiten und Fertigkeiten erlangten Frauen im Mittelalter daher bevorzugt in Klöstern, in denen sie zum Lesen der Heiligen Schrift entsprechend ausgebildet wurden. Der Eintritt in ein Kloster bedeutete eine einzigartige Bil-

XPM:
STELLA
MARIS
BBATISSA

Sarkophag der hl. Chrodoara, 7. Jahrhundert, Kalkstein, Länge 184 cm, Musée communale d'Archéologie et d'Art Religieux, Amay an der Maas (Prov. Lüttich/Belgien)
Der Sarkophag der Äbtissin Chrodoara wurde 1977 im Chor der Stiftskirche von Amay gefunden. Auf dem 184 cm langen Deckel ist sie zwischen den Flechtbandornamenten in Form eines Flachreliefs als Ordensfrau mit langem Kleid und Abtsstab dargestellt.

dungs- und soziale Aufstiegsmöglichkeit. Häufig wurden adelige Kinder zur Ausbildung in ein Kloster gegeben. Sie konnten sich im jugendlichen Alter dann für oder gegen ein weiteres Leben im Kloster entscheiden. Verblieben sie oder er in der klösterlichen Gemeinschaft, genossen sie oder er als Mönch oder Nonne ein hohes Ansehen in der Gesellschaft. Die Entscheidung für ein Leben im Kloster trafen viele Töchter adliger und patrizischer Familien allerdings nicht immer aufgrund individueller Gewissensbefragung. Vielmehr ist davon auszugehen, dass einige Kinder im Rahmen familiärer Interessen zum Aufbau weltlicher und geistlicher Netzwerke zu Mönchen oder Nonnen bestimmt wurden.

Wesentlicher Vorteil des Lebens im Kloster war die relativ hohe materielle Sicherheit, eine hohe soziale Reputation und das Selbstverständnis, durch Gebet und Memoria eine wichtige gesellschaftliche Aufgabe zu erfüllen.

Die heute berühmtesten und einflussreichsten Frauen des Mittelalters sind fast ausschließlich Gemahlinnen einflussreicher Herrscher oder Ordensfrauen, oft sogar Ordens- und Klostergründerinnen.

Im frühen Mittelalter bestanden Frauenklöster ganz selbstverständlich gleichberechtigt neben Männerklöstern, teilweise sogar in Form von Doppelklöstern nebeneinander. Äbtissinnen nahmen innerhalb der Gesellschaft einen hohen Rang ein, zumal sie häufig schon von ihrer Herkunft adelig und damit herausgehoben waren. Im Unterschied zu den Mönchen benötigten die Nonnen jedoch zum Lesen der Messe und Spenden der Sakramente einen männlichen Priester.

Es fällt bei der Betrachtung der Entwicklung der Frauenklöster im frühen Mittelalter auf, dass es in dieser Zeit einen noch relativ freien Umgang mit der Klausur gab, d. h. die Frauen standen mit der Umwelt in einem noch sehr engen Austausch. Verantwortlich dafür war unter anderem die im 6. bis 8. Jahrhundert beliebte Klosterregel des iro-schottischen Mönchs und Missionars Columban von Iona (521/522–597) oder eine Regel aus seinem Umkreis, die nur eine passive Klausur (Verbot für Fremde, die Räume innerhalb der Klausur zu betreten) kannte. Dies änderte sich allerdings im Laufe des 9. Jahrhunderts. Seit der Kirchen- und Liturgiereform unter Karl dem Großen († 814) wurde die Klausur für Frauen, d. h. innerhalb fester Regeln und in umbauten Räumen zu leben, immer strengeren Bestimmungen unterworfen. Nonnen lebten seitdem „in der Regel" innerhalb der Klausur, d. h. einem begrenzten Bereich innerhalb des Klostergebäudes, der nur von den Ordensmitgliedern betreten und mit vorheriger Erlaubnis der Äbtissin verlassen werden durfte. Dieser Bereich des Klosters wird als Rückzugsort und als symbolisierter Ersatz für die Wüste als Lebensraum der frühen Eremiten verstanden. Letztlich verpflichtend wurde die Klausur für alle Frauenklöster aber erst 1298 von Papst Bonifatius VIII. festgelegt. Die Klausur bestand auch für Männerklöster. Letztlich war die Strenge der Klausur eine Frage der Ordensregel und der Auffassung der Äbtissin bzw. des Abtes.

Die ersten Formen klösterlichen Lebens konnten sich seit dem Toleranzedikt von

Kloster Santa Scolastica in Subiaco, benannt nach der hier im 6. Jahrhundert wirkenden hl. Scholastika von Nursia, der Schwester des hl. Benedikt von Nursia. Das Kloster ist seit dem 10. Jahrhundert Hauptkloster der Benediktiner in Subiaco und besitzt drei Kreuzgänge aus dem 13., 14. und 16. Jahrhundert.

Mailand 313 innerhalb des Römischen Reiches entfalten. Daran hatten bereits Frauen Anteil, wie z. B. Marcellina (um 333–398), Schwester des Bischofs Ambrosius, die um 353 eine zönobitische Frauengemeinschaft in Mailand gründete.

Um 530 errichtete der hl. Benedikt von Nursia (um 480 – nach 547) ein Kloster auf dem Montecassino und fand mit seiner Regel die wegweisende Ordnung für das monastische Leben mit den Idealen von Armut, Keuschheit und Gehorsam. Seine Schwester, die hl. Scholastika (um 480 – um 547), begründete den entsprechenden Frauenorden. Sie lebte in den Klöstern Subiaco und Piumarola und traf sich jährlich zu geistlichen Gesprächen mit ihrem Bruder.

Das erste große Frauenkloster war die 558 von der hl. Radegunde gegründete Abtei in Poitiers (Frankreich), in dem im 6. und 7. Jahrhundert etwa 200 Nonnen gelebt haben sollen, die sich neben dem Gebet auch der Krankenpflege widmeten. Die thüringische Prinzessin Radegunde (um 520–587) ist eine der herausragenden Persönlichkeiten des frühen Mittelalters und wird deshalb in einem eigenen Kapitel weiter unten näher vorgestellt.

Spuren monastischen Lebens sind in Deutschland zuerst in Trier im 4. Jahrhundert belegbar.

Die Benediktinerinnenklosterkirche Saint-Pierre-aux-Nonnains (St. Peter auf der Zitadelle) in Metz (Frankreich) wurde 613 oder 620 gegründet. Die Kirche richteten die Nonnen in einem im frühen 4. Jahrhundert erbauten großen römischen Apsidensaal der römischen Thermen ein. Den liturgischen Bedingungen Rechnung tragend, wurde unter anderem eine Chorschranke (heute im Musée d'Art et d'Histoire in Metz) als Trennung zwischen Chor- und Laienraum im östlichen Drittel der Kirche eingebaut.

Denn die Ausbreitung des christlichen Glaubens war maßgeblich von der Ausdehnung zunächst des Römischen Reichs und später der fränkischen Herrschaft abhängig. Daher wird erst mit der iro-fränkischen Mission (um 590–690) und der Ausbreitung des Frankenreichs Klosterleben auch östlich des Rheins stattgefunden haben.

Die angelsächsische Missions- und Klostergründungswelle (um 690–768), an der vor allem der hl. Bonifatius († 754) Anteil hatte, schuf schließlich eine blühende ostfränkische Klosterlandschaft. Bis gegen Ende des 8. Jahrhunderts entstanden so in Westeuropa bis zur Elbe und mittleren Donau etwa 1000 Klöster, von denen allerdings nur ein kleiner Teil Frauenklöster waren. Man geht davon aus, dass im Zeitraum von 500 bis zur Mitte des 8. Jahrhunderts im merowingischen Frankenreich etwa 115 Frauen- oder Doppelklöster gegründet wurden, von denen nur 16 in der folgenden Karolingerzeit weiter Bestand hatten.

Die Mission der nördlichen und östlichen Gebiete des fränkischen Reiches wurde vor allem durch angelsächsische Mönche vollzogen, insbesondere durch den hl. Bonifatius (672/75–754) und seine Schüler sowie Liudger. Durch die Bistumsgründungen des Bonifatius schufen die Angelsachsen einerseits eine kirchenpolitische Ordnungsstruktur – von der Erzdiözese bis zur Pfarrgemeinde – und andererseits durch die Gründung von Klöstern, Klerikergemeinschaften und Mönchszellen geistige Zentren innerhalb der neu christianisierten Gebiete in Hessen, Thüringen und Bayern, später auch in Westfalen und Sachsen. Insbesondere die Bonifatius-Gründungen in Fulda, Hersfeld, Eichstätt und Fritzlar wurden zu kulturellen und sozialen Mittelpunkten.

Auch hinter den Gründungen von Frauenklöstern im 2. Viertel des 8. Jahrhunderts steht der Missionseifer des Bonifatius. Die rasche, flächendeckende Gründung von Männer- und Frauenklöstern war für Bonifatius ein breit in die Bevölkerung hinein angelegtes Bildungsprogramm nach dem Vorbild der eigenen Ausbildung, das auch Frauen mit einbezog. 732/35 folgte ihm seine Verwandte Lioba aus dem südenglischen Doppelkloster Wimborne in sein Missionsgebiet. Ihr ist ab Seite 35 und 36 ein eigenes Kapitel gewidmet. Mit ihr reiste die aus dem gleichen Kloster stammende Verwandte Thekla († um 790). Die angelsächsischen Nonnen sollten die neuen Christen unter anderem durch den theologischen Unterrichtung junger Mädchen missionieren. Nach späterer Überlieferung gründete Bonifatius dazu unter anderem in Tauberbischofsheim eine Niederlassung geistlicher Frauen und beauftragte Lioba ab 735 mit der Leitung. Auf Bonifatius gehen auch die Frauenklöster in Kitzingen und in Ochsenfurt zurück, für die Thekla als Äbtissin eingesetzt war.

Eine dritte von Bonifatius aus seiner Heimat England berufene Nonne war die um 710 in Wessex geborene Walburga, die vermutlich

Im 19. Jahrhundert erneuerter gotischer Hochaltar des Eichstätter Doms mit der Darstellung der hl. Walburga (2. Schreinfigur von rechts). Die fünf vom sogenannten Meister des Eichstätter Domhochaltars um 1470/80 geschaffenen überlebensgroßen Statuen im Schrein zeigen die Madonna auf der Mondsichel sowie die Schutzpatrone des Bistums Eichstätt: Richard, Walburga, Willibald und Wunibald.

gleichfalls im Kloster Wimborne erzogen worden war. Erst um 740/50 folgte sie ihren Brüdern Willibald und Wunibald in das östliche Frankenreich und trat wahrscheinlich zunächst in eines der von Bonifatius gegründeten Klöster in Tauberbischofheim oder Kitzingen ein und wurde seine Missionshelferin. Unmittelbar nach Wunibalds Tod 761 übernahm sie das familieneigene Kloster Heidenheim, das sie als Doppelkloster fortführte. Das Kloster Heidenheim wurde ein Träger hoher Kunst und Kultur, wie die literarischen Leistung der angelsächsischen Nonne Hugeburc – Verfasserin der Willibald- und Wunibald-Vita – unterstreicht. Walburga verstarb vermutlich 779 in Heidenheim. Bischof Otgar (847–80) ließ ihre Gebeine nach Eichstätt bringen. Von dort und über das Benediktinerinnenkloster Monheim, das 893 Reliquien erhalten hatte, entwickelte sich eine rege Verehrung der hl. Walburga aufgrund des „Ölwunders“. War Walburga zunächst Nebenpatronin des Bistums Eichstätt, ist sie seit 1968 gleichberechtigte Patronin mit Willibald. Neben den aufgeführten angelsächsischen Nonnen wirkten weitere Klosterfrauen aus England im Auftrag des Bonifatius: Witta in Büraburg, Chunihilt und ihre Tochter Berhtgit in Thüringen und Chunitrud in Bayern.

Quedlinburg, Schlossberg mit der ehem. Damenstiftskirche. Der Frauenkonvent wurde von Königin Mathilde kurz nach 936 gegründet. König Otto I. erhob das reich beschenkte Stift zur Reichsabtei.

Eine außergewöhnlich große Zahl von Klostergründungen für Frauen ist in spätkarolingischer und ottonischer Zeit im Ostfrankenreich zwischen Niederrhein und Elbe zu beobachten und somit in der Region, die erst kurz vor 800 in den Sachsenkriegen durch Karl den Großen erobert und christianisiert worden war. Hier entstanden über 60 neue Frauenkonvente vom 9. bis zur Mitte des 11. Jahrhunderts. Waren es im 8. Jahrhundert vermutlich eher kleine Frauen- bzw. Doppelklöster, entstanden nun – gefördert durch den Adel – Frauenklöster von höchstem Anspruch und monumentaler Größe, die dem Rang ihrer Äbtissinnen entsprechen sollten. Die Klöster werden z. T. als Damenstifte bezeichnet, unterschieden sich formal in den ersten Jahrhunderten aber nicht von anderen Frauenklöstern. Einen der bedeutendsten Frauenkonvente des 10. Jahrhunderts stiftete Königin Mathilde (um 895–968), die Witwe König Heinrichs I. (919–936), Herrscher des Ostfränkischen Reichs, unmittelbar nach dem Tod ihres Gemahls auf dem heutigen Schlossberg in Quedlinburg. Ihr Sohn, König Otto I. (936–973), erhob das reich mit Ländereien beschenkte Stift zur Reichsabtei. Die Äbtissinnen Mathilde (amt. 968–999), eine Tochter Ottos I., und Adelheid (amt. 999–1044), eine Tochter Kaiser Ottos II. (amt. 973–983), leiteten das Damenstift und ließen den ottonischen Kirchenbau errichten, der 1070 durch einen Brand beschädigt wurde. Die aus dem salischen Kaiserhaus stammende Äbtissin Adelheid II. (amt. 1063–1095) begann mit dem Wiederaufbau der Klosterkirche in den heutigen Formen. Die Schlussweihe der Kirche fand 1129 in Anwesenheit König Lothars III. von Süpplingenburg (amt. 1125–1137) statt.

Gleichfalls von königlichem Rang waren unter anderem die Damenstifte in Gernrode, Gandersheim und Essen, heute Bischofskirche des Bistums Essen. Die in den Damenstiften lebenden Kanonissen stammten oft aus hochadeligen Familien.

Nach 1180 nahm die Zahl der Frauenklöster erneut erheblich zu. Die Zahl der Neugründungen lag im 13. Jahrhundert um ein Vielfaches höher als bei den Männerklöstern. Dazu trugen auch die neu entstandenen Bettelorden bei, die großen Zulauf hatten. Die ersten Klöster für Dominikanerinnen waren von Dominikus (um 1170–1221) in Prouille, Rom und Madrid eingerichtet worden. Dazu kam der 1221/23 entstandene Konvent in Bologna. Die Dominikanerinnen führten ein kontemplatives Leben in strenger Klausur und wurden von den Mitgliedern des Dominikanerordens seelsorgerisch betreut.

Die Franziskanerinnen, nach ihrer Gründerin Klara von Assisi (1194–1253) auch Klarissen genannt, entstanden aus einer Gemeinschaft von Frauen, die sich in San Damiano bei Assisi um Klara versammelte. 1212 hatte Klara ihre Familie verlassen und von Franziskus (1180/81–1226) das Habit der Franziskaner erhalten. Unter der Leitung von Klara, die dem Kloster San Damiano als Äbtissin vorstand, lebten die Klarissen nach dem Vorbild der Franziskaner ohne Besitz und Einkünfte. Klara verfasste für

Hl. Elisabeth in St. Elisabeth in Marburg/Lahn

Hl. Klara von Assisi mit Schwestern ihres Konvents, Wandmalerei in der Kirche San Damiano, Assisi

Grabmal (unten) und ursprünglicher Steinsarg (um 815, oben) der hl. Ida von Herzfeld in der Kirche von Herzfeld im Münsterland

die von ihr gegründete Gemeinschaft eine eigene Regel, deren Gültigkeit sie gegen den Willen der Päpste Gregor IX. (amt. 1227–1241) und Innozenz IV. (amt. 1243–1255) durchsetzte und die schließlich 1253, kurz vor ihrem Tod, als gültige Regel für das Kloster San Damiano anerkannt wurde. Durch zahlreiche Neugründungen und den Anschluss von Frauengemeinschaften an die Franziskaner verbreitete sich der Orden der Franziskanerinnen rasch. Nicht zuletzt war es die berühmte hl. Elisabeth von Thüringen (1207–1231), die den Ideen des Ordens nachfolgte.

Im Frühmittelalter bestimmte in der Regel der Klostergründer oder die -gründerin die erste Äbtissin einer neuen Ordensgemeinschaft. Die Äbtissin stammte häufig aus der Familie der Gründer, oder es handelte sich um die Gründerin selbst. Die bekannten Gründerinnen waren meistens Witwen oder Frauen, die sich von ihren Männern getrennt hatten. Seltener wurde die erste Äbtissin aufgrund ihrer besonderen Fähigkeiten ausgewählt.

Angesichts fehlender Quellen bleibt unklar, aus welchen Frauen sich der Konvent zusammensetzte. Sicher ist anzunehmen, dass Mädchen und Witwen der Familie des Gründers aufgenommen wurden, wohl ebenso aus anderen aristokratischen Familien, um die Familienbeziehungen zu stärken.

Im 7. und 8. Jahrhundert existierten vor allem in Frankreich, Spanien, England und Irland Doppelklöster, d. h. Konvente, in denen Männer und Frauen lebten, wenngleich räumlich getrennt. Sie standen oft unter der Leitung von Frauen, was z. B. auch für die bereits genannte angelsächsische Nonne Walburga im Kloster Heidenheim galt.

Die Idee der Doppelklöster erlebte im 12. Jahrhundert eine Wiederbelebung, unter anderem durch den Wanderprediger Robert von Arbrissel (um 1045–1116), der um 1101 in Fontevrault bei Saumur (Frankreich) ein Kloster für Frauen und Männer gründete, das von einer Äbtissin geleitet wurde und einige Nachfolger fand. Doppelklöster gab es anfangs auch in dem von Norbert von Xanten (um 1080–1134) gegründeten Orden der Prämonstratenser. Auch in dem von der Mystikerin Birgitta von Schweden (um 1303–1373) gegründeten Birgitten-Orden lebten Frauen und Männer in Doppelklöstern zusammen. Gemäß den Anweisungen der Gründerin sollte eine Gemeinschaft aus 60 Nonnen und 25 Mönchen unter der Leitung einer Äbtissin nach dem Vorbild der Urgemeinde leben und sich der Verehrung des Leidens Christi und Mariens widmen.

Heilige Frauen

Viele der zuvor erwähnten Ordensfrauen werden als Heilige verehrt. Doch gab es nicht nur Ordensfrauen, die sich durch das Werk der Nächstenliebe und durch Askese auszeichneten. Als Beispiel einer Heiligen und Nicht-Ordensfrau soll auf Ida von Herzfeld († 825) verwiesen werden, deren Vita allerdings erst um 980, d. h. 150 Jahre nach ihrem Tod, von dem Werdener Mönch Uffing aus Anlass ihrer Heiligsprechung verfasst wurde. Ida war eine hoch gestellt Adelige, wahrscheinlich eine Cousine oder Nichte Karls des Großen und heiratete den aus Sachsen stammenden Egbert, Heerführer Karls des Großen. Ihre besondere Lebensleistung war die Gründung der Kirche in Herzfeld um 803/04. In der Vita wird diese Handlung als göttlicher Auftrag gewürdigt. Ihr sei im Traum ein Engel erschienen, der sie aufgefordert habe, an dieser Stelle eine Kirche zu erbauen, um Gott darin zu dienen. Als Auszeichnung würdigt die Vita darüber hinaus das fromme und von Askese geprägte Leben Idas. Schließlich berichten die Viten von Wundern am Grab der Heiligen, das zur ersten Wallfahrtsstätte Westfalens wurde.

Zu den bis heute verehrten Frauen des Frühmittelalters gehört auch die hl. Adelheid von Vilich (um 970–1015/18). In jungen Jahren hatten sie ihre Eltern – Graf Megingoz und seine Gattin Gerberga – den Stiftsdamen von St. Ursula in Köln zur Ausbildung übergeben. Anschließend wurde sie erste Äbtissin des 978 von ihren Eltern gegründeten Stifts Vilich bei Bonn. Nach dem Tod ihrer Schwester Bertrada wurde sie um 1002 zudem Äbtissin von St. Maria im Kapitol in Köln und so Ratgeberin des Kölner Erzbischofs Heribert. Das Stift Vilich, in dem auch eine Schreibstube eingerichtet war, stand unter besonderem Schutz des Kaisers und des Papstes. 987 verlieh Otto III. dem Kloster gleiche Privilegien wie den Reichsklöstern Quedlinburg, Gandersheim und Essen. 1057 verfasste Adelheids Schülerin Berta in lateinischer Reimprosa die „Vita Sanctae Adelheydis Virginis".

Adelheid, die erst 1966 heiliggesprochen wurde, gilt als Wohltäterin der Armen und Notleidenden. Der Überlieferung nach soll sie, als die Menschen unter großer Trockenheit litten, mit ihrem Äbtissinnenstab in den Boden gestochen haben, worauf an dieser Stelle ein Wasserstrahl emporschoss. Als Stelle des Wunders wird die Adelheidisquelle in Bonn-Pützchen angegeben. Das Quellwasser gilt als Heilmittel gegen Augenkrankheiten. Bis heute besteht die Adelheidis-Wallfahrt nach Pützchen. Das „Dohlenbrot" erinnert an ihre Armenspeisung.

Die hl. Adelheid von Vilich (um 970–1015/18) – Adelheid-Büste in St. Peter in Bonn-Vilich (links) – war die erste Äbtissin des 978 von ihren Eltern gegründeten Stiftes Vilich bei Bonn. Der Überlieferung nach habe sie während einer Trockenperiode die sog. Adelheidisquelle in Bonn-Pützchen (oben) wunderhafterweise entdeckt. Darüber hinaus wird sie als Wohltäterin der Armen verehrt.

BERÜHMTE FRAUEN DES MITTELALTERS

rechts:
Vita der hl. Radegunde aus Sainte-Croix, Poitiers, Ende 11. Jahrhundert, fol 43v, Autorenbildnis der Baudonivia, Pergamenthandschrift, 28,2 x 21,8 cm, Bibliothèque municipale, Poitiers, Ms. 250 (136). Das Bildnis zeigt Baudonivia, die Autorin der Vita und eine der Vertrauten der hl. Radegunde, in kostbarer Kleidung und auf einem edelsteingeschmückten Thron dargestellt. Die Buchmalerei belegt, dass Frauen bereits in der Zeit der frühen Klostergründungen des 6. Jahrhunderts als Schriftstellerin tätig waren. Möglicherweise entstand die Handschrift im Skriptorium des Frauenklosters.

unten:
ebenda, fol. 29v: Radegunde wäscht einem Kranken die Füße (oben); Radegunde bedient die Armen bei Tisch (unten)

Heilige Radegunde

Die thüringische Prinzessin Radegunde (um 518/520–587) gehört in Frankreich zu den bekanntesten Frauen des Mittelalters. Ihre Lebensgeschichte liefert einen eindrucksvollen Einblick in die Lebensumstände zu Beginn des frühen Mittelalters, geprägt von Gegensätzen, wie Gewalt und Ungewissheit, aber auch christliche Nächstenliebe. Ihr Lebensweg zeigt zudem eine hohe Mobilität, wie es auch für die Vita der legendären Päpstin beschrieben wird.

Radegunde war die Tochter des Thüringerkönigs Berthachar, dessen Reich im Süden fast bis zur Donau, im Osten bis zur Elbe und im Norden bis über den Harz reichte. Wahrscheinlich wurde Berthachar ein frühes Opfer der Kriege zwischen den Thüringern und den expandierenden Franken. Deshalb wuchsen Radegunde und ihr jüngerer Bruder am Hof ihres Onkels Herminafrid auf, der sich im Kampf gegen die Franken mit Theoderich dem Großen, dem mächtigen König der Ostgoten, verbündete. Geschenke und die Heirat Herminafrids mit Theoderichs Nichte Amalaberga festigten das Bündnis. Die Anwesenheit Amalabergas und ihres Gefolges in Thüringen dürfte den christlichen Glauben, den sie aus Italien mitbrachte und der bereits den thüringischen Adel erreicht hatte, gestärkt haben. Es kann vermutet werden, dass spätestens zu diesem Zeitpunkt Radegunde getauft wurde.

526 verstarb Theoderich in Ravenna; das Ostgotenreich war damit merklich geschwächt. Nun witterten die Franken die Chance, Thüringen zu erobern. Dies gelang 531 in einer grausamen und verlustreichen Schlacht, mit der das unabhängige Thüringerreich endete. Radegunde und ihr jüngerer Bruder gehörten zur „Kriegsbeute" des merowingischen Frankenkönigs Chlothars I. (511–561), der sie nach seinem siegreichen Thüringenfeldzug nach Frankreich verschleppte. Chlothar I. gilt als äußerst gewalttätiger Herrscher, der selbst zwei seiner Neffen eigenhändig erdolchte, um sie von der Thronfolge auszuschließen.

Radegunde wurde in Athies, der Sommerresidenz des Frankenkönigs, festgehalten. Dort nutzte sie die Möglichkeit der Erlernung der lateinischen Sprache und studierte die Schriften der christlicher Kirchenväter Augustinus und Hieronymus. Zudem nahm sie zu hohen Würdenträgern der Kirche Kontakt auf und soll

in Athies ein Hospital für arme Frauen eingerichtet haben.
Um Anspruch auf das Erbe der Thüringerkönige erheben zu können, heiratete Chlotar nach fünf Ehen um 540 die Thüringer Königstochter Radegunde, die nun zur Frankenkönigin aufstieg. Die Ehe geschah jedoch gegen ihren Willen und blieb wohl auch deshalb kinderlos.
Als im Jahr 555 Radegundes Bruder, der in Soissons im Exil lebte, im Auftrag Chlothars wahrscheinlich aus Anlass einer Revolte der Thüringer ermordet wurde, war Radegunde so erzürnt, dass sie nicht länger mit Chlothar zusammenleben wollte. Chlothar willigte ein, den Königshof verlassen zu dürfen und von Bischof Medardus zur Diakonin geweiht zu werden. Zunächst ließ sie sich in Saix im Poitou nieder, wo sie ein Hospital errichtete und sich aufopfernd um die Kranken und Alten kümmerte.
Um 558 gründete sie das Kloster Sainte-Marie-hors-les-Murs in Poitiers. Es war das erste große Frauenkloster mit etwa 200 Nonnen noch zu ihren Lebzeiten. Nachdem ihr 569 der byzantinische Kaiser Justin II. – auf ihre Bitte hin – einen Splitter vom Heiligen Kreuz als Reliquie gesandt hatte, benannte sie ihre Gründung zur Abtei vom Heiligen Kreuz (Sainte-Croix-de-Poitiers) um. Ihr Gemahl Chlothar I. stellte das Kloster dauerhaft unter seinen Schutz und stattete es reich aus.
Das Radegundiskloster war eine stattliche Anlage, bestehend aus einer Kirche, Einzelzellen, einem Turm, Nebengebäuden für die Bediensteten, Wirtschaftsgebäuden und einem großen Garten sowie einem Badehaus, in dem unter anderem die Aussätzigen gewaschen wurden.
Radegunde erhielt ihre letzte Ruhestätte in der Klosterkirche, die nach ihrem Tod in Sainte-Radegonde umbenannt wurde.
Schon kurz nach ihrem Tod verfasste Venantius Fortunatus (vor 540 – um 600) eine Vita über ihr Leben. Fortunatus hatte in Ravenna das klassische antike Studium absolviert und gilt als einer der bedeutendsten Lyriker und Biographen der Spätantike. Nachdem über einem St.-Martin-Heiligtum sein Augenleiden geheilt wurde, war er zum Grab des hl. Martin nach Tours aufgebrochen und gelangte so ins Frankenreich, wo er an verschiedenen Königshöfen als Gelegenheitsdichter sein Geld verdiente. Er lernte Radegunde kennen, die ihn zu seinem Privatsekretär machte. Schließlich entschied auch er sich für eine Kirchenlaufbahn und wurde um 600 zum Bischof von Poitiers ernannt. In seiner Radegunde-Vita betont er das asketisch-klösterliche Leben Radegundes und stilisiert die Klostergründerin zu einer vorbildlichen Christin, deren Weg von Wundern begleitet gewesen sei.
Der Konvent beauftragte wenig später auch die Nonne Baudonivia, eine Vertraute Radegundes, die sie seit ihrer Jugend bis ins Kloster begleitet hatte, mit einer weiteren Vita, die neben der Frömmigkeit und Armenfürsorge auch ihre königliche Herkunft hervorhob. Damit trat auch das politische Wirken und die Stellung des Klosters, das einen besonderen königlichen Schutz genoss, stärker in das Bewusstsein.
Wie die legendäre Päpstin Johanna hatte die Königstochter Radegunde bereits in jungen Jahren zunächst am Königshof in Thüringen und später am Hof des Frankenreichs die beste denkbare Ausbildung erhalten. Sie war – wie der Kontakt zu Kaiser Justin II. zeigt – angesichts ihrer adeligen Herkunft und hoher Bildung in den höchsten Kreisen angesehen und übte großen Einfluss aus. Die Lebensgeschichte beschreibt zudem das gewalttätige Umfeld, in dem christliches Handeln der Frauen Akzente der Humanität setzte.

Heilige Lioba

Eine Heilige, über die wir durch die Abschriften der Briefe des hl. Bonifatius relativ gute Kenntnisse besitzen, ist die Äbtissin Lioba (lioba = Liebe). Ihre Lebensgeschichte zeigt einige Parallelen zur legendären Vita der Päpstin Johanna.
Lioba kam um das Jahr 700/710 in Südengland zur Welt. Wie die legendäre Päpstin Johanna hätte sie den Beinamen „Anglicus" tragen können, was einerseits als „engelsgleich" oder „aus England stammend" übersetzt werden kann. Lioba wurde als Kind einem Frauenkloster zur Ausbildung übergeben und wird damit – wie die legendäre Päpstin – in jungen Jahren im Lesen und Schreiben sowie in lateinischer Sprache unterrichtet. Zweifellos war Lioba nicht nur eine sehr gebildete Frau, sondern auch intelligent und wäre ohne ihre soziale Kompetenz und ihr Organisationstalent weder Äbtissin und Generaloberin der Frauenklöster im Missionsgebiet östlich des Rheins noch Lieblingsmissionshelferin des Bonifatius geworden. Lioba muss außergewöhnliche Qualitäten im Umgang nicht nur mit fremden Menschen – den Germanen in dem ihr fremden Missionsgebiet –, sondern auch mit der politischen und geistlichen Elite besessen haben. Dies belegt ihre enge Freundschaft mit Hildegard (758–783), der Gemahlin Kaiser Karls des Großen. Die Vita der hl. Lioba berichtet von häufigen Aufenthalten am königlichen Hof. Aufgrund ihrer Verdienste und Freundschaft vermachte der Kaiser der Missionarin Lioba das Fiskalgut Schornsheim südwestlich von Mainz als Alterswohnsitz, wo sie am 28.9.782 verstarb.
In der ältesten Vita des Rudolf von Fulda (ab 836 verfasst) wird ihre Fröhlichkeit, Tapferkeit und außerordentliche Begabung in der Lehre betont, Letzteres in Entsprechung zur legendären Päpstin. Ohne Zweifel wäre Lioba mit ih-

links: Barocke Darstellung der hl. Lioba, 18. Jahrhundert, Dommuseum Fulda

rechts: Mittelnische der Krypta in St. Peter (sog. Liobakirche) in Petersberg bei Fulda mit dem Altar von 836 und dahinter dem Steinsarkophag der hl. Lioba von 838 sowie dem Schrein des Lioba-Kopfreliquiars von Lioba Munz aus dem Jahr 1995

ren Fähigkeiten dazu in der Lage gewesen, auch den Petrusstuhl zu besteigen.

Lioba stammte aus einer angelsächsischen Adelsfamilie. Wie sie in einem Brief schreibt, standen ihre Eltern Aebbe und Dynna in gutem und ihre Mutter zusätzlich in verwandtschaftlichem Verhältnis zu den Eltern des Bonifatius, der 672/675 als Wynfreth im angelsächsischen Wessex in der Nähe von Exeter das Licht der Welt erblickte. Dieser war schon als Knabe im Alter von vier bis fünf Jahren um 680 dem Kloster Exeter übergeben worden. Auch Lioba teilte diese Lebensgeschichte, die sie als Kind wahrscheinlich ins Kloster Thanet führte, in dem sie von Äbtissin Eadburg erzogen wurde. Später war sie Nonne im Doppelkloster Wimborne unter der Leitung der Äbtissin Tetta, mit der Bonifatius im Briefkontakt stand. Wohl 732/35 folgte sie Bonifatius' Ruf zur Mission auf dem Kontinent. Sie wurde so eine wichtige Helferin seines Missionswerks. Seit 735 war sie Äbtissin von Tauberbischofsheim und förderte die Gründung fränkischer Nonnenklöster. Die rasche und flächendeckende Gründung von Männer- und Frauenklöstern war für den hl. Bonifatius offensichtlich ein breit in die Bevölkerung hinein angelegtes Bildungsprogramm nach dem Vorbild der eigenen Ausbildung.

St. Peter (sog. Liobakirche) in Petersberg bei Fulda, Ansicht von Nordosten. Die karolingische Kirche (um 836) erhielt im Laufe des Mittelalters zahlreiche Veränderungen: den romanischen Vierungsturm (um 1170) mit barocker Haube, das spätgotische Langhaus (1479) und romanische Turmobergeschosse (um 1170).

Lioba missionierte durch die theologische Unterrichtung junger Mädchen. So ist ein Brief des Bonifatius überliefert, in dem er Lioba die Zustimmung gibt, auf Bitten eines befreundeten Priesters ein Mädchen für einen begrenzten Zeitraum zur Erziehung ins Kloster aufzunehmen, wie es bereits für sie selber galt.

Bonifatius hatte in seinem Testament verfügt, Lioba möge nach ihrem Tod in seinem eigenen Grab beigesetzt werden, „damit diejenigen gemeinsam die Auferstehung erwarten, die in ihrem Leben mit gleichem Eifer Christus gedient haben" (Vita Liobae). Zwar wurde Lioba in der Fuldaer Klosterkirche begraben, allerdings nicht neben ihm, wie er es – nach dem Vorbild des Doppelgrabs von Benedikt und Scholastika – gewünscht hatte, da er durch seinen Martyrertod zum Heiligen geworden war. Da die Klosterkirche in Fulda als Männerkonvent den Frauen nur im Ausnahmefall zugänglich war, errichtete der Fuldaer Abt Rabanus Maurus (822–842) eine stattliche Kirche auf dem Petersberg bei Fulda, um Liobas Grab am 28.9.838 in die Krypta der neu erbauten Kirche zu verlegen. Damit wurde ihr Grab auch den weiblichen Wallfahrern zugänglich. Liobas Kopfreliquiar gelangte 1995 in die Petersberger Kirche.

Hildegard von Bingen

Die Benediktinerin und Visionärin Hildegard von Bingen (1098–1179) gehört zu den bedeutendsten Persönlichkeiten des Mittelalters. 1098 in Bermersheim bei Alzey als zehntes Kind des Edelfreien Hildebert von Bermersheim und seiner Frau Mechthild geboren, wurde sie mit 14 Jahren der Einsiedlerin Jutta von Sponheim, die in einer Klause neben dem Mönchskloster auf dem Disibodenberg lebte, zur klösterlichen Erziehung und Ausbildung übergeben. Damit konnte Hildegard bereits als Jugendliche umfangreiche biblische, theologische, philosophische und naturkundliche Kenntnisse erwerben. Anschließend trat sie dem Kloster bei und wurde 1136 nach dem Tod ihrer Erzieherin Jutta zur Äbtissin des aus der Klause hervorgegangenen Nonnenklosters gewählt.

Seit 1141 verfasste Hildegard drei große theologische Werke. Die erste Schrift „Scivias" wurde Papst Eugen III. auf einer Synode in Trier 1147 vorgelegt. Darin beschreibt sie das Schöpfungs- und Erlösungsgeschehen, das Verhältnis, die Abkehr und Hinwendung des Menschen zu seinem Schöpfer. Der Papst erkannte, dass es sich bei den Visionen Hildegards um Gottesbegegnungen handelte. Fortan rückte sie in den Mittelpunkt des geistlichen und politischen Lebens ihrer Zeit. Hildegard wurde eine Ratgeberin für Bischöfe, Könige und den Kaiser und unternahm Predigtreisen durch Deutschland. Diese Lehr- und Reisetätigkeit verbindet ihre Lebensgeschichte mit derjenigen der legendären Päpstin Johanna.

1150 übersiedelte sie mit zwanzig Nonnen in das neu errichtete Kloster auf dem Rupertsberg bei Bingen. Hildegard verfasste hier zahlreiche Liedkompositionen, darunter das Mysterien- bzw. Singspiel „Ordo Virtutum" (Spiel der Kräfte), in dem Hildegard den ewigen Kampf zwischen Gut und Böse anhand von 35 dramatischen Dialogen zwischen Tugenden und Lastern zur Darstellung brachte. 1152 erlebte das allegorische Musikdrama – das früheste überlieferte mit Musikbegleitung – seine Uraufführung im Kloster Rupertsberg. Außerdem sind mehrere öffentliche Predigten u. a. in Mainz, Würzburg, Bamberg, Trier, Metz und Köln bekannt. Zusätzlich sind 350 Schreiben aus ihrer umfangreichen Korrespondenz bis heute überliefert.

Hildegard wird von ihren Eltern zu Jutta in die Klause auf dem Disibodenberg gebracht und Tod Hildegards, Hildegardaltar, 1898, Rochuskapelle, Bingen

Seit 1158 schrieb sie am „Liber Vitae Meritorum" (Buch der Lebensverdienste), bei dem es erneut um die immer wieder zu treffende Entscheidung des Menschen zwischen Gut und Böse, zwischen Glaube und Unglaube, zwischen Hinwendung zu und Abkehr von Gott geht. Der Mensch, so Hildegards Auffassung, sei frei geschaffen und sei sein Leben lang vor die Entscheidung gestellt, sich für oder gegen Gott zu entscheiden. In ihrem dritten Hauptwerk, dem „Liber divinorum operum" (Welt und Mensch), das sie 1174 abschloss, beschreibt sie die Welt als Kunstwerk Gottes und somit auch den Menschen, der die Gesetzmäßigkeit des Kosmos widerspiegle, als dessen Werk. Ihre Visionen sind auch in 42 farbenprächtigen Miniaturen (davon 35 zum „Scivias" und sieben zum „Liber divinorum operum") überliefert, die allerdings wohl nicht mehr unter dem direkten Einfluss Hildegards, sondern erst kurz nach ihrem Tod entstanden sind.
1165 gründete sie ein zweites Kloster in Eibingen. Schon zu Lebzeiten begann 1174/75 der Mönch Gottfried mit der Niederschrift seiner Hildegard-Vita. Sie verstarb am 17.9.1179 im Kloster Rupertsberg. Das Heiligsprechungsverfahren für Hildegard aus den Jahren 1223–37 scheiterte aus unbekannten Gründen.

Schrein der Hildegard von Bingen von 1929, St. Hildegard, Rüdesheim-Eibingen

Hl. Hildegund von Schönau

Die hl. Hildegund von Schönau, auch Hildegund von Neuss genannt, kam als Kind adliger Herkunft 1170 bei Neuss zur Welt, erhielt im Kloster Meer ihre Ausbildung und verstarb bereits 18-jährig am 20. April 1188 im Zisterzienserkloster Schönau bei Heidelberg. Ihr ungewöhnlicher Lebenslauf zeigt erstaunliche Parallelen zur legendären Päpstin Johanna.
Hildegund stammte aus einer rheinischen Adelsfamilie, den Edelherren von Helpenstein. Diese lebten auf der 1386 zerstörten und heute nicht mehr bestehenden Burg Helpenstein beim gleichnamigen Dorf, einem heutigen Stadtteil von Neuss am Rhein. Hildegunds Vater war Harper von Helpenstein, der als Ritter (Edelherr) im Dienst der Erzbischöfe von Köln stand.
Hildegunds Vorbild war ihre als selig verehrte Patentante gleichen Namens. Es handelt sich um die Gräfin Hildegund von Ahr und Meer (um 1115–83), auch Hildegund von Liedberg genannt. Sie war eine Tochter des Grafen Hermann von Liedberg und seiner Gattin Hedwig, die nach dem Tod ihres Ehemanns mit ihrer Tochter Gertrud in das Prämonstratenserinnenkloster Dünnwald (heute Stadtteil von Köln) eintrat.
Hildegund von Meer unternahm nach dem Tod ihres Gemahls, des Grafen Lothar von Ahr, und ihres ältesten Sohns Dietrich um 1165 eine Wallfahrt nach Rom, nach anderen Quellen ins Heilige Land nach Jerusalem, wie es später auch ihre Patentochter durchführen sollte. Pilgerreisen für Frauen bedeuteten nicht nur, die körperlichen Strapazen auf sich zu nehmen,

sondern sich zusätzlich gegen die Bedrohung der männlichen Mitreisenden zur Wehr zu setzen. Ein Vergleich der Pilgerberichte von Frauen (z. B. einer Margery Kempe oder Birgitta von Schweden) mit denjenigen von Männern (z. B. eines Arnold von Harff oder Felix Fabri) zeigt, dass Pilger und Pilgerinnen zwar gleichermaßen im Heiligen Land das Leiden Christi nachleben wollten, die Frauen dies jedoch mit ungleich größerer körperlicher Anstrengung und extremer Selbstkasteiung und Meditation als Mittel zur Erlangung von Visionen durchführten. Die Pilgerinnen erfuhren dadurch ein geradezu reales Bild der biblischen Begebenheiten durch Erleidung der Qualen Jesu.

Nach ihrer Rückkehr von ihrer Pilgerreise vermachte jedenfalls Hildegund 1166 der Kölner Kirche ihr Vermögen, um das Prämonstratenserinnenkloster Meer bei Büderich, einem Stadtteil von Meerbusch (zwischen Neuss und Krefeld gelegen), zu gründen. Ihre Klosterstiftung bestätigten Papst Alexander III. und der Kölner Erzbischof und Erzkanzler von Italien Rainald von Dassel (1114/20–1167), der dem Kloster bedeutende Reliquien, die Armknochen der Märtyrer Felix und Nabor, schenkte. Die seelsorgerische Betreuung übernahm die Abtei Steinfeld. Hildegund und ihre Tochter traten der Gemeinschaft bei und wurden die ersten Äbtissinnen. Unterstützt wurde die Gründung durch Hildegunds Sohn Hermann, der in das Kloster Cappenberg bei Lünen nördlich von Dortmund eingetreten war und 1171 bis 1210 das Amt als Propst ausübte.

Doch nun zurück zur hl. Hildegund von Schönau. Sie wurde im März 1170 auf dem Wehlerhof unterhalb der Burg Helpenstein geboren. Ihre Eltern übergaben Hildegund und ihre Zwillingsschwester Agnes 1180 oder 1182 ihrer Tante Hildegund und somit dem Kloster Meer zur Erziehung, damit sie Lesen und Schreiben lernen. Im Kloster hatten viele Töchter aus dem niederrheinischen Adel Aufnahme gefunden. Agnes wurde hier später Nonne.

Hildegunds Vater Harper von Helpenstein legte nach dem frühen Tod seiner Frau das Gelübde ab, das Heilige Grab in Jerusalem besuchen zu wollen. Damit folgte er vielen niederrheinischen Rittern – nicht zuletzt auch vielen Verwandten – nach, die bereits in den Jahren 1137, 1154 und 1158 an Pilger- und Heerzügen ins Heilige Land teilgenommen hatten. Im Frühjahr 1183 machten sich Vater und die 12-jährige Tochter Hildegund in Begleitung eines Dienstknechtes zur Pilgerreise ins Heilige Land auf. Die beschwerliche lange Reise führte – wie in dieser Zeit üblich – zunächst nach Süditalien. In der Hafenstadt Brindisi in Apulien erfolgte der Gang auf das Schiff und die Überfahrt nach Tyrus im heutigen Libanon.

Doch noch ehe das Reiseziel erreicht wurde, erkrankte Harper am „Heißen Fieber" und verstarb. Nach anderen Schilderungen erlag er kurz vor der Rückfahrt vom Heiligen Land nach Italien einer Krankheit. In der Kathedrale von Tyrus soll er jedenfalls begraben worden sein.

Für seine junge Tochter Hildegund begann mit dem Tod eine Odyssee. Die Legenden berichten, der Dienstknecht, der sie begleitete, habe die Reisekasse entwendet und das mittellose Kind im Stich gelassen. An eine Rückfahrt war nicht zu denken. Vielmehr blieb Hildegund nur das Betteln. Das Kind fiel – so eine der Legenden – einem Kölner Domherrn auf, der sie in die Heimat begleitete. Um die Rückfahrt antreten zu können, trug Hildegund Männerkleidung und führte den Namen Joseph. Der hl. Joseph steht als Beschützer für die Familien und Kinder.

Zwar reisten auch zahlreiche und insbesondere adelige Frauen ins Heilige Land, z. B. als Begleitung ihrer Männer bei den Kreuzzügen.

Hildegund von Meer, Skulptur in der Kirche von Büderich

Ehem. Zisterzienserkloster Schönau bei Heidelberg, ehem. Refektorium

Einzelne Frauen wurden an Bord von Pilgerschiffen jedoch nicht so gerne gesehen, da der Schiffseigner um die Moral seiner Mannschaft und der männlichen Reisenden fürchtete. Während in der Antike und im Frühmittelalter Alleinreisen geschätzt waren, änderte sich dies im Laufe des Hohen Mittelalters, als das Reisen in Gemeinschaft üblich war. Erhalten ist eine Passagierliste eines Pilgerschiffs aus dem Jahr 1250 auf der Reise von Südfrankreich nach Damiette in Ägypten. Angeführt sind vor allem Ritter und Kleriker. Die Frauen machen 10 % der Reisenden aus. 15 Frauen reisten mit ihrem Gatten, eine mit ihrem Vater, zwei mit ihrem Bruder und 22 alleine. Die Reisegruppe beabsichtigte, sich der Kreuzzugsexpedition des französischen Königs Ludwig IX. anzuschließen. Die Zahl der weiblichen Reisenden war im Heiligen Land sicher nicht unbedeutend, da es immerhin ein Spital für Pilgerinnen in Jerusalem gab, was für eine kontinuierliche weibliche Pilgerschar spricht.

Zurück zur hl. Hildegund. Übereinstimmend berichten die Legenden, dass Hildegund als Junge verkleidet in das Kloster Schönau eintrat. Die Ereignisse von der Rückkehr aus dem Heiligen Land bis zum Eintritt ins Kloster sind dagegen von Legende zu Legende unterschiedlich. Eine Fassung berichtet, auf dem Weg zurück nach Neuss sei ihr vorgeworfen worden, gestohlen zu haben. Deshalb sei sie zum Tode verurteilt worden, ein Engel Gottes soll jedoch ihre Unschuld bezeugt haben.

Eine andere Beschreibung berichtet, Hildegund sei nach Beendigung ihrer Missionsreise zu ihrer Verwandten, der Begine Mechthild in Speyer, gereist. Auf ihr Anraten besuchte sie zur Weiterbildung eine Schule, möglicherweise als „Joseph" verkleidet. Der Laienbruder Berthold aus dem Zisterzienserkloster Schönau bei Heidelberg hatte „Joseph" den Eintritt in sein Kloster empfohlen. So wurde Hildegund Novize im Zisterzienserkloster Schönau. Als Bruder Joseph lebte sie dort, ohne ihr wahres Geschlecht preiszugeben. Dies war jedoch ein schweres Vergehen. Die Anwesenheit einer Frau in einem Männerkloster wurde als Versuchung des Teufels betrachtet.

Den großen körperlichen und physischen Belastungen unter anderem beim Bau des Klosters war Hildegund allerdings nicht gewachsen. Noch im Novizenjahr verstab sie an Auszehrung im Alter von nur 17 Jahren am 20. April 1188. Erst als man sie entkleidete, erkannten die Mitbrüder ihr wahres Geschlecht. Sie wurde im Chor der Klosterkirche in Schönau beigesetzt. Die Entdeckung, dass eine Frau als Mönch verkleidet in einem Kloster lebte, verbreitet sich rasch über Schönau hinaus. Die Verschleierung des Geschlechts wurde als übermenschliche Kraft und somit als Wunder aufgefasst und daher Hildegund rasch als Heilige verehrt.

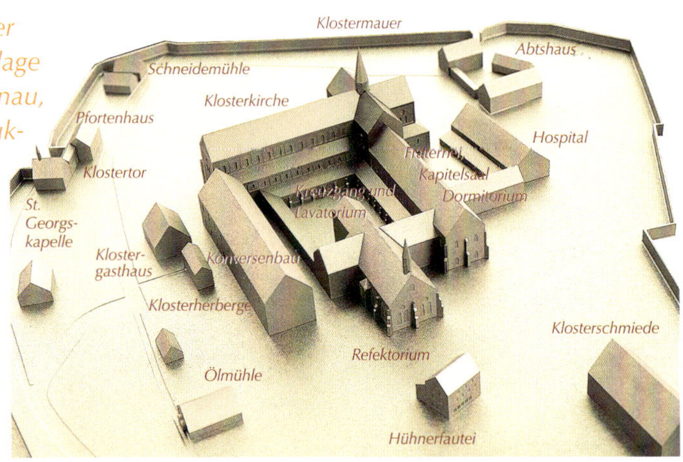

Modell der Klosteranlage von Schönau, Rekonstruktion

Exkurs: Frauen in Männerkleidung

Die Verkleidung als Mann ist eines der wesentlichen Merkmale der Vita der Päpstin Johanna. Wie die Biografie Hildegunds zeigt, war es für die Zeitgenossen kein ungewöhnlicher Vorgang, wenn Frauen in Männerkleidung und mit männlichem Namen reisten, da dies einen Schutz für die reisende Frau bzw. das Mädchen bedeutete. Beispiele dafür scheint es zahlreich gegeben zu haben, etwa eine Witwe namens Agnes Finger, die den Stifter der Görlitzer Heilig-Grab-Kapelle, Georg Emmerich, im späten 15. Jahrhundert in einer Mönchskutte begleitete. Dadurch konnte sie sich unbehelligt bewegen und sich vor der Aufdringlichkeit der Männer schützen.

Die Verkleidung als Mann war darüber hinaus in der Literatur des Mittelalters ein Topos, der mit Vorliebe für Pilgerinnen und Heilige gebraucht wurde, z. B. in den Lebensbeschreibungen der hl. Pelagia († 457), die unter dem Namen Pelagius in Männerkleidern eine Zelle auf dem Ölberg in Jerusalem bezogen hatte, oder Marina von Bithynien, die wohl im 5. Jahrhundert als Junge verkleidet in ein syrisches Kloster aufgenommen wurde. Dort wurde ihr Jahre später unterstellt, einen Sohn gezeugt zu haben, was zum Ausschluss aus dem Kloster führte. Anschließend kümmerte sie sich um das Kind. Doch erst nach ihrem Tod erkannte man ihr wahres Geschlecht und ihre Unschuld.

Eugenia, die Tochter des römischen Präfekten von Alexandria, soll gleichfalls in Männerkleidern in ein Männerkloster eingetreten und dort Abt geworden sein. Auch sie wurde der Unzucht beschuldigt, offenbarte aber daraufhin ihr wahres Geschlecht. Dies führte zum Ausschluss aus dem Kloster. Sie ging nach Rom und wurde im Zuge der Christenverfolgung Kaiser Valerians enthauptet.

Andererseits soll es auch Beispiele dafür gegeben haben, dass als Mönch verkleidete Jungfrauen oder Nonnen solange im Kloster gebilligt wurden, solange sie in ihrer Verkleidung keusch blieben. Die Leugnung des weiblichen Geschlechts zugunsten eines religiösen Lebens als höhergeschätzter Mann galt seit Hieronymus als erstrebenswert.

Frauen scheint es häufiger in Mönchkutten gegeben zu haben, da seit der Mitte des 4. Jahrhunderts das gesetzliche Verbot für Frauen, sich als Mönche auszugeben, regelmäßig erneuert werden musste. Akzeptiert wurde, wenn Frauen zur Umgehung von Bedrohungen für kurze Zeit Männerkleidung trugen, um dann wieder in ihre angestammte Rolle und Tracht zurückzukehren.

Die als Mann Joseph verkleidete junge Frau bittet kniend um Aufnahme ins Zisterzienserkloster Schönau, Szene aus der Vita der hl. Hildegunde von Schönau, Federzeichnung, frühes 16. Jahrhundert, Germanisches Nationalmuseum Nürnberg, Hz 199

DIE VITEN DER PÄPSTIN JOHANNA

rechts: Geburtsszene der Päpstin Johanna, Darstellung in der französischen Miniaturmalerei aus dem frühen 15. Jahrhundert in Giovanni Boccaccios Schriften (Bibliothèque nationale de France, Paris, Ms. 598, fol. 151)

Die frühesten Erzählungen

Interessanterweise entstehen kurz nach 1250, d. h. wenige Jahre nach Heiligsprechung der hl. Elisabeth von Thüringen (1207–1231) und der erfolgreichen Verbreitung des Dominikaner-, Franziskaner- und Klarissinnenordens, mehrere Texte über einen weiblichen Papst. Dieser besitzt in den frühen Schriften noch keinen Namen und wird als kluge Frau beschrieben. Betrachtet man den Inhalt der Schilderungen, dann scheinen diese teilweise unabhängig voneinander verfasst worden zu sein und auf unterschiedliche Erzähltraditionen bzw. stadtrömische Lokalsagen zurückzugehen.

Den frühesten bekannten und erhaltenen schriftlichen Legendentext über eine Päpstin verfasste in den 1250er Jahren der Domikanermönch Jean de Mailly (um 1190 – um 1260) in der Metzer Universalchronik („Chronica universalis Mettensis"). Er fügte die Notiz über einen weiblichen Papst in die Papst-, Reichs- und Frankreichgeschichte der Jahre 1099 bis 1101 ein und somit zwischen die Gründung des Zisterzienserordens 1098, dem Pontifikat Urbans II. (1088–99) und den Ereignissen des Ersten Kreuzzugs bis zur Errichtung des Königreichs Jerusalem unter König Balduin I. 1100 bzw. der Notiz zum byzantinischen Kaiser Alexios I. (1081–1118). Jean de Mailly schreibt (deutsche Übersetzung des lateinischen Textes):

„Prüfe nach über einen Papst oder eher eine Päpstin, weil sie eine Frau war, die vorgab, ein Mann zu sein. Diese wurde aufgrund ihrer großen Begabung Kuriensekretär, danach Kardinal und schließlich Papst. Als sie eines Tages ihr Pferd besteigen wollte, brachte sie einen Knaben zur Welt und wurde sogleich nach römischem Recht mit an den Pferdeschweif gebundenen Füßen eine halbe Meile geschleift und vom Volk gesteinigt. Dort, wo sie starb, wurde sie auch begraben; am gleichen Ort steht geschrieben: Petrus, Vater der Väter, offenbare die Kindsgeburt des Frauenpapstes. Unter diesem Papst wurde das Quatemberfasten eingeführt, das man das ‚Fasten der Päpstin' nennt."

Jean de Mailly gibt keine Auskunft über den Namen und die Herkunft des weiblichen Papstes. Er erwähnt lediglich die Klugheit der Frau. Als Nachweis für den Wahrheitsgehalt der Schilderung verweist er auf die Grabinschrift mit den sechs alliterierenden „P" („Petre, pater patrum, papisse prodito partum"). Diese nicht erhaltene Inschrift hat es zu diesem Zeitpunkt mit hoher Wahrscheinlichkeit gegeben und wird unter anderem auch in der „Chronica minor" eines Erfurter Franziskaners (siehe unten) zitiert. Gleichfalls kann auch der Hinweis auf das Quatemberfasten, d. h. auf die viermal jährlich festgesetzten Fasten- und Bußtage, als ein Beleg der Echtheit der Aussagen interpretiert werden. Zugleich beabsichtigte der Autor mit diesem Hinweis, dem Pontifikat der Päpstin auch einen positiven Aspekt abzugewinnen, auch wenn – historisch betrachtet – der Zusammenhang falsch ist.

Jean de Mailly oder ein späterer Korrektor versah den Text der Pariser Handschrift mit dem

Jehanne

Cy apres sensuit de iehan
ne englesche pape. Cent
et vne rubriche.

Vermerk, man solle den Sachverhalt nochmals prüfen. Ob dies geschehen ist oder nicht, kann nicht mehr nachvollzogen werden. Dieser Verweis ist jedenfalls auf den Abschriften der Chronik durch den Hinweis ersetzt „es gab auch in jenen Zeiten einen Papst oder eher noch eine Päpstin, die nicht erwähnt wird im Katalog der Päpste und der römischen Bischöfe", weil sie eine Frau war (zitiert nach M. Kerner/K. Herbers: Die Päpstin Johanna, 2010, S. 64).
Jean de Mailly, benannt nach seinem Heimatort, hatte bereits zuvor zwischen 1225 und 1230 eine Sammlung von Heiligenviten verfasst. Offenbar wurde durch diese Beschäftigung sein Interesse an Volkslegenden geweckt. Seine Zusammenstellung von Viten war Vorbild für die Legendensammlungen seiner berühmten Ordensbrüder Bartholomäus von Trient („Liber epilogorum in gesta sanctorum", um 1245) und Jacobus de Voragine, der um 1265 mit der „Legenda Aurea" die bis heute wichtigste und einflussreichste Zusammenstellung von Heiligenlegenden schuf.
Der Orden der Dominikaner, auch Predigerorden genannt, war im frühen 13. Jahrhundert vom hl. Dominikus gegründet worden. Sein Ziel war es, den Namen des Herrn Jesus Christus aller Welt zu verkündigen. Gemeinschaftsleben, gemeinsames Chorgebet, ständiges Studium und die Predigt an das Volk bestimmten den Tagesablauf.

Es muss daher nicht verwundern, dass wiederum ein Dominikaner, Stephan von Bourbon (um 1190–1261) aus Lyon, nur wenig später erneut einen ausführlichen Verweis über eine Päpstin verfasste. Stephan von Bourbon – auch Étienne de Bourbon oder Stephanus de Bellavilla genannt – war einer der ersten Inquisitoren und erfahrener Prediger in Süd- und Ostfrankreich. Er verfasste gegen Ende seines Lebens die bedeutendste Predigtsammlung des 13. Jahrhunderts – den „Tractatus de diversis materiis predicabilibus" („Traktat der sieben Geistesgaben"). Sie enthält allgemeine Morallehren mit über 3000 Geschichten verschiedenen Ursprungs, darunter die Lebensbeschreibung eines weiblichen Papstes.
Die „merkwürdige Verwegenheit, ja Ungeheuerlichkeit" der Päpstinnen-Lebensgeschichte soll sich – wie bei seinem Ordensbruder Jean de Mailly – um das Jahr 1100 ereignet habe. Als Quellenbeleg für die historische Echtheit der Schilderung verweist er auf Chroniken, ohne diese zu nennen, so dass nicht klar ist, ob er sich ausschließlich – wie zu vermuten ist – auf seinen Ordensbruder Jean de Mailly beruft. Inhaltlich handelt es sich jedenfalls um eine Variante des Jean de Mailly-Textes.
Da es sich bei de Bourbon um Predigtvorlagen handelt, ist die Beschreibung um moralisierende Elemente ergänzt. So wird – im Gegensatz zur älteren Textvorlage – ausdrücklich auf die Mitwirkung des Teufels hingewiesen: Die Frau sei durch die Intervention des Teufels zunächst Kardinal und schließlich Papst geworden. Der Verweis auf die Teufelintervention hatte die Absicht, diejenigen zu entlasten, die eine Frau zum Papst gewählt hatten. Zudem sollte der Hinweis zeigen, dass der Stolz einer Frau diese für den Einfluss des Dämons empfänglich mache. Damit wurde der traditionelle Bezug zum Südenfall (s. S. 18/19) mit dem Grundmuster Frau – Teufel – Verderben (vgl. S. 20–22) hergestellt – der Stolz der Eva und ihre Folgen ...
Die Inschrift mit den sechs alliterierenden „P" deutete Etienne de Bourbon nun als „Hüte dich, Vater der Väter, das Gebären der Päpstin zu verraten" („Parce, pater patrum, papissae prodere partum."). Der Text endet mit der moralisierenden Warnung: „Seht, zu welch verabscheuungswürdigem Ende eine so dreiste Ver-

Fra Angelico: Hl. Dominikus, Detail aus dem Freskenzyklus im Dominikanerkloster San Marco in Florenz

Darstellung eines Franziskanermönchs, 14. Jahrhundert, Barfüßerkirche, Erfurt

messenheit führt!" Die Doppelbestrafung der Päpstin für ihr Sittlichkeitsverbrechen (uneheliches Gebären) und dem Sakraldelikt (Beleidigung Gottes durch eine Frau auf dem Papststuhl) und somit das Schleifen und Steinigen musste auf Frauen, an die sich insbesondere die moralisierende Schilderung richtete, abschreckend wirken.

Eine gänzlich andere Legende einer Päpstin schildert die um 1261/65 verfasste und weit verbreitete kleine Chronik („Chronica minor") eines Erfurter Franziskaners. Dieser nennt einen „pseudopapa", von dem weder Name noch die Pontifikatsjahre bekannt seien. Jedoch ordnet er das Ereignis in die Zeit um 900 ein, als es zu stadtrömischen Parteikämpfen kam und alleine im Zeitraum von 896 bis 900 sieben Päpste das höchste Amt der katholischen Kirche bekleideten. Als Quelle seiner Kenntnisse nennt er die stadtrömische Tradition, indem er schreibt „ut atentur Romani" – „wie die Römer behaupten".

Eine Frau von schöner Gestalt und großem Wissen sei, unter männlicher Kleidung verborgen, zum Papst gewählt worden. Sie habe während ihres Papsttums ein Kind empfangen und während ihrer Schwangerschaft habe im Konsistorium öffentlich vor allen Anwesenden ein Teufel die Sache verraten, indem er dem Papst den Vers zurief „Papst, Vater der Väter, du sollst das Gebären der Päpstin kundtun!" („Papa, pater patrum, papisse pandito partum.")

Auffällig an der Schilderung ist, dass im Gegensatz zu den älteren Texten der Dominikaner eine Bestrafung des weiblichen Papstes unerwähnt bleibt. Ebenso wird die Reaktion des Umfeldes auf die Schwangerschaft der Päpstin nicht thematisiert.

Den Text wiederholte mit geringen Abweichungen Sifridus de Balnhusin kurz nach 1300 in seiner „Compendium Historiarum". Er nennt jedoch zusätzlich eine Skulptur der Päpstin mit Kind in päpstlichen Kleidern.

Eine weitere Variante einer Päpstinnen-Legende liefert die Reimchronik des Wieners Jansen Enikel um 1280. Die Schwangerschaft der Päpstin wird hier nicht ausdrücklich genannt, sonder nur angedeutet. Auch stirbt sie nicht, sondern hat Spott zu ertragen und Rom zu verlassen. Damit steht auch bei dieser Schilderung am Ende eine rechtliche Verurteilung bzw. eine moralische Verwerfung.

Die frühen Legendenerzählungen von Jean de Mailly bis Jansen Enikel übten auf den Päpstinnen-Mythos der folgenden Jahrhunderten kaum einen Einfluss aus und gerieten weitestgehend in Vergessenheit. Ursache dafür war der Erfolg der Legendenschilderung des Martin von Troppau.

Die Päpstinnen-Legende des Martin von Troppau

Wie kein anderer Text prägte die Vita der Päpstin aus der Feder des schlesischen Domikanermönchs Martin von Troppau († 1278) – aufgrund seiner Zugehörigkeit zur polnischen Ordensprovinz auch Martinus Polonus, Martinus Oppaviensis und Martin z Opavy genannt – das Bild von und die Vorstellung über die Päpstin Johanna. Martin war es auch, der der Päpstin den Namen „Johanna Anglicus" gab, und er „erfand" die Herkunft der legendären Päpstin aus Mainz.

Martin von Troppau erhielt seine theologische Ausbildung in Prag und war am päpstlichen Hof in Rom unter anderem als päpstlicher Bußkanoniker tätig. Er verstarb auf der Reise von Italien nach Polen 1278, nachdem er zum Erzbischof von Gnesen ernannt worden war und dort sein neues Amt antreten wollte.

Buchillumination mit der Darstellung des Martin von Troppau, 16. Jahrhundert

Martin von Troppau verfasste reichhaltige Sammlungen theologischer Schriften. Von außerordentlicher Bedeutung ist darunter das in ca. 500 Handschriften erhaltene „Chronicon pontificum et imperatorum", eine Chronik der Päpste und Kaiser bis Papst Nikolaus III.

Das Geschichtskompendium, das als Tafelwerk für Theologen und Juristen gedacht war, enthält in der 1277 veröffentlichten dritten und letzten Redaktion die einflussreiche Legende um die Päpstin Johanna, die hier erstmals namentlich Erwähnung findet. Neben der Namensnennung sind folgende Aspekte hervorzuheben: die Herkunft der Päpstin aus Mainz, die Ausbildung in Athen, die Lehrtätigkeit in Rom, die Datierung des Ereignisses in das 9. Jahrhundert (nach Leo IV.), die Angabe der Länge des Pontifikats (zwei Jahre, sieben Monate und vier Tage) und die Ergänzung der Schwangerschaft der Päpstin sowie der Geburt des Kindes während einer Prozession und der Tod an gleicher Stelle.

Der Text lautet übersetzt wie folgt:

„Nach diesem Papst Leo IV. [von Martin jedoch fälschlich als V. gezählt] hatte Johannes Anglicus aus Mainz den Papststuhl für 2 Jahre, 7 Monate, 4 Tage inne. Er verstarb in Rom, und das Papsttum hörte für einen Monat auf. Dieser Johannes war, wie versichert wird, eine Frau, die als junges Mädchen in Männerkleidern von ihrem Liebhaber nach Athen gebracht wurde und dort in verschiedenen Wissensgebieten derartig glänzte, dass sich niemand mit ihr messen konnte. Später hat sie in Rom Vorlesungen in Rhetorik und anderen Disziplinen gehalten und berühmte Lehrer als ihre Schüler und Hörer gehabt. Da sie durch ihre Lebensführung und ihre Gelehrsamkeit in der Stadt großes Ansehen genoss, wurde sie einstimmig zum Papst gewählt. Aber als Papst wurde sie von ihrem Vertrauten geschwängert. Den Zeitpunkt der Geburt nicht ahnend, wurde sie, als sie sich von St. Peter zum Lateran begab, von den Wehen überrascht und gebar in dem engen Gässchen zwischen Kolosseum und der Kirche des hl. Clemens ein Kind. An der gleichen Stelle fand sie ihren Tod und, wie gesagt wird, wurde sie hier auch begraben. Da der Heilige Vater seitdem diesen Weg immer meidet, wird von den meisten angenommen, dass er dies aus Abscheu vor dieser Tat mache. Sie [die Päpstin] wird bis jetzt nicht im Verzeichnis der Päpste aufgeführt, weil man ihr weibliches Geschlecht als Makel empfindet."

Eine zweite, ungewöhnlich frauenfreundliche Version des 14. Jahrhunderts in einer Berliner Handschrift beschreibt nicht den Tod der Päpstin und ihres Kindes, sondern ihre Absetzung als Papst und die Verbannung in ein Kloster. Später sei Johanna von ihrem Sohn, der Kardinalbischof von Ostia geworden sei, bestattet worden, allerdings nicht am Geburtsort des Kindes, wie sie es gewünscht habe, sondern in der Kardinalskirche ihres Sohnes. Versöhnlich klingen auch die Abschlussbemerkungen, nach denen es am Grab Wunder gegeben habe. Zu ihrer Erinnerung sei am Ort der Geburt, der seitdem Vicus papisse (Platz der Päpstin) heiße, eine Steinskulptur errichtet worden. Abschließend liefert Martin von Troppau den Grund für die Schwierigkeit der Überprüfbarkeit des Ereignisses: Da in der Heiligen Schrift die weibliche Genealogie nicht berücksichtigt sei, werde auch die Päpstin in den Chroniken nicht zu den Päpsten gezählt.

Wie kam Martin von Troppau dazu, eine derartig ungewöhnliche Lebensgeschichte mit präziser Charakterisierung einer Person zu schreiben, über die es vermutlich keinerlei Kenntnisse gab?

Offenkundig gab es in Rom das Gerücht um eine Päpstin. Um der Gestalt ein Gesicht zu geben, entwickelte er eine Geschichte, die nach dem Prinzip der höchsten Wahrscheinlichkeit aufgebaut ist. So wählte er als Päpstinnenname die weibliche Form des häufigsten Papstnamens Johannes. Darüber hinaus ergänzte er den Namen durch den Beinamen „Anglicus", mit dem er die übliche Ordnungszahl ersetzte, um sich nicht – wie dies später durch andere Autoren geschah – auf einen Papst, z. B. Johannes VII., festlegen zu müssen. Der Name „Anglicus" steht sowohl für eine Herkunftsbezeichnung – aus England stammend – als auch für einen Familiennamen bzw. einen Namenszusatz, der als „Engelspapst" verstanden werden kann. Verfolgt man die Rezeptionsgeschichte der Päpstinnen-Vita des Martin von Troppau, dann kommen die Interpretationen als Herkunftsbezeichnung und als Charakterisierung („engelsgleich") gleichermaßen vor und wurden auch so interpretiert. Von daher kann es erneut eine Absicht des Martin von Troppau gewesen sein, beide Varianten im Blick zu haben, um auch hier nicht konkret werden zu müssen.

Des Weiteren bringt Martin von Troppau die Stadt Mainz als weiteren Herkunfts- bzw. Geburtsort der Päpstin ins Spiel. Aufgrund seiner schlesischen Abstammung dürfte Martin auch andere Städte nördlich der Alpen gekannt haben. Seine Wahl fiel jedoch auf die kirchenpolitisch bedeutendste Stadt des Heiligen Römischen Reiches Deutscher Nation, da die Mainzer Erzbischöfe seit 965 gewöhnlich den Reichserzkanzler des Reiches stellten. Zudem war hier der hl. Bonifatius († 754), der „Apostel der Deutschen", als Erzbischof tätig. Möglicherweise bezog der den Namen auf die Kirchenprovinz Mainz. Diese war die größte nördlich der Alpen. Der Metropolitanverband des Erzbistums umfasste im Mittelalter die Bistümer Worms, Speyer, Straßburg, Würzburg, Konstanz, Chur, Eichstätt, Augsburg, Paderborn, Halberstadt, Hildesheim, Verden und zeitweilig zudem Havelberg, Brandenburg, Olmütz und Prag. Auch führt Mainz neben Rom als einzige Diözese der Welt den Titel eines Heiligen Stuhls!

In einigen Handschriften und Drucken wurde aus „Maguntinus" (Mainz) allerdings „Margantinus", um den Geburtsort der Päpstin von Deutschland nach England in die Gegend um die Abtei Margan im südlichen Wales zu verlegen und um den Widerspruch des Beinamens „Anglicus" (= aus England) auszugleichen. Donna W. Cross wählte in ihrem Bestseller – wie einige Autoren vor ihr – die Version eines aus England stammenden Vaters einer in Deutschland geborenen Päpstin.

Möglicherweise kannte Martin von Troppau auch die Geschichte der Predigerin Thiota, die

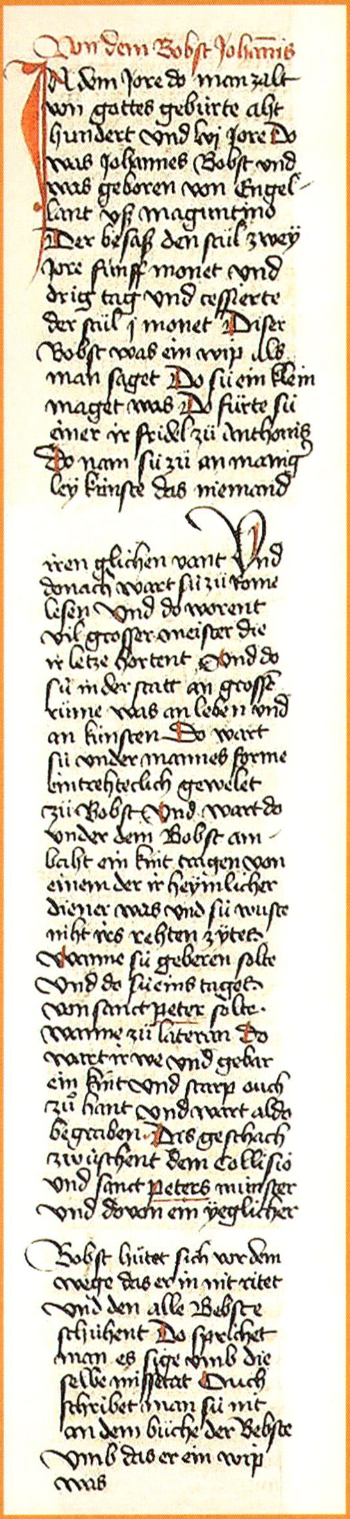

Papstchronik
Troppau 1460,
Cod. Pal.germ.137,
fol. 206r/v

Von dem Babst Johannis
In dem jore do man zalt
von gottes geburte acht
hundert und dri jore. Do
war Johannes Babst und
war geboren von Engel-
lant auß maguntino [= Mainz].
Der besaß den stul zwey
jore fünff monet und
drig tag und [...]
der stul 1 monet. Diser
Babst war ein wip als
man saget. Do sie ein klein
maget war do fürte sie
einer ir Fridel [= Vertrauter] zu Anthonig [= Athen].
Do nam sie zu an manig-
ley künste das niemand
iren gleichen vant. Und
donach wart sie zu Rome
wesen und do worent
vil grosser meister die
ir setze hortent [= hörten] und do
sie in der statt an grosse
rüme war an leben und
an kinsten do wart
sie under mannes forme
eintrehterlich [= einstimmig] gewelet
zu Babst. Und wart do
under dem Babst am-
haht [= Papstgewand] ein kint tragen von
einem der ir heymlicher
diener war und sie wuste
nicht ires rechten zytes [= Zeit]
wanne sie geberen sollte.
Und do sie eins tages
von sanct peter solte
komme zu lateran do
waret ir we [= Wehen] und gebar
ein kint und starp auch
zu hant und wart aldo
begraben. Das geschach
zwischent dem collisio [= Kolosseum]
und sant peters münster.
Und davon ein yeglicher
Babst hütet sich vor dem
wege das er in nit ritet
und den alle Bebste
schühent [= scheuen]. Do sprichet
man es sige und die
selbe missetat. Auch
schribet man sie nit
an dem büche der Bebste
umb [= weil] das er ein wip
war.

847 auf der Synode in Mainz verurteilt wurde, und er beabsichtigte über den Herkunftsort eine inhaltliche Verbindung zu schaffen. Thiota hatte – sich auf göttliche Eingebung berufend – den Tag des Weltuntergangs bis Ende des Jahres vorhergesagt. Auf der Synode musste sie zugeben, diese Behauptung nur aus materiellen Vorteilen getan zu haben. Da sie gegen kirchliche Sitte als Predigerin verstoßen hatte, wurde sie öffentlich mit Ruten ausgepeitscht.

Merkwürdigerweise lässt Martin von Troppau die Päpstin „als junges Mädchen in Männerkleidern" nach Athen gehen. Das Reisen in Männerkleidern könnte durch die Viten der hl. Hildegund und anderer heiliger Frauen angeregt sein, die sich zumeist auf der Pilgerschaft ins Heilige Land befanden (s. S. 39–41). Möglicherweise wählte Martin von Troppau das entfernte Reiseziel, um die Verkleidung als Mann – das Motiv, das für die späteren Ereignisse in Rom von größter Wichtigkeit ist – als realistische Alltagssituation reisender und insbesonderer junger Frauen glaubhaft zu machen.

Athen war darüber hinaus der traditionelle Ausgangsort des Wissens in der Antike. Hier sollte Johanna sich Wissen und Bildung angeeignet haben. Die Wahl des Ortes ist als Studienort ungewöhnlich, da wohl kaum eine Person aus dem Westen im frühen Mittelalter sein Studium in dem inzwischen kulturell eher bedeutungslosen Athen antrat. Denn 529 n. Chr. war die letzte Philosophenschulen des einst glorreichen Athen auf Anweisung des oströmischen Kaisers Justinian I. geschlossen worden. Im späten 6. Jahrhundert sorgten Einfälle der Slawen für das Ende der antiken Phase der Stadtgeschichte und für einen kulturellen und wirtschaftlichen Niedergang. Erst im 9. Jahrhundert, als die Stadt Bischofssitz mit dem Parthenon als Bischofskirche wurde, erholte sich die Stadt, die im Vierten Kreuzzug (1204) nach der Einnahme Konstantinopels fränkisches Herzogtum wurde.

Offenbar schien aus Sicht Martin von Troppaus das „sagenhafte" Athen die Stadt zu sein, die ausreichend Tradition und Würde besaß, Ausbildungsort einer zukünftigen, hoch gebildeten und intelligenten Päpstin zu sein. Nicht zu verachten ist sicher auch, dass der Studienort Athen als ein Sinnbild für das Studium antiker Schriften gestanden haben dürfte. Dass Athen zudem als Reiseziel nicht ganz abwegig war, ergibt sich aus den Zeitumständen des 13. Jahrhunderts – dem Zeitpunkt der Abfassung dieser Päpstinnen-Vita –, als die Stadt aufgrund der Kreuzzüge und der Pilgerfahrten in das Heilige Land auf dem Seeweg gut erreichbar war.

Ohnehin wird Martin von Troppau mit einer gewissen Exotik und Erotik gespielt haben, wenn er romanhaft beschreibt, Johanna sei „als junges Mädchen in Männerkleidern von ihrem Liebhaber nach Athen gebracht" worden. Dabei lässt Martin offen, ob es der Wunsch Johannas oder des Liebhabers war, der das Liebespaar nach Athen führte. Nutzte Johanna die Freundschaft nur aus, um an Bildung

Dass sich der Mitteleuropäer im Mittelalter häufig ein falsches Bild vom Aussehen der Stadt Athen machte, veranschaulicht die Darstellung der Stadt in der Schedelschen Weltchronik von 1493.

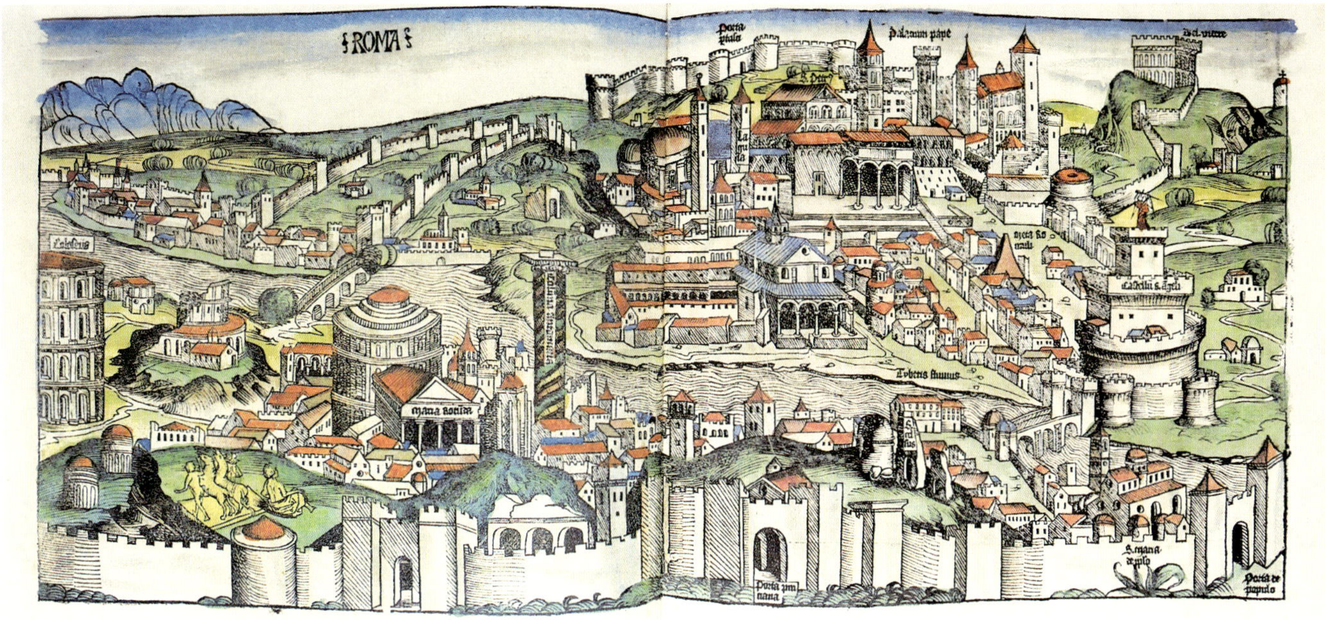

Wesentlich authentischer als Athen ist die Stadt Rom in der Schedelschen Weltchronik von 1493 wiedergegeben. Die Stadt wird von der römischen Stadtmauer umgeben. Gut erkennbar sind der Tiber, das als Rundbau dargestellte Colosseum, die berühmte Fassade von Alt-St. Peter als Blickfang in der Bildmitte rechts oben und die Engelsburg rechts.

zu gelangen? Martin von Troppau geht darauf nicht ein, sondern stellte fest, Johanna habe „in verschiedenen Wissensgebieten" derartig geglänzt, „dass sich niemand mit ihr messen konnte".

Bildung war im Früh- und Hochmittelalter im Normalfall ein Privileg des Adels, des Klerus' und der Ordensfrauen. Wie bereits oben ausgeführt, wurde das Wissen im Hohen Mittelalter gewöhnlich über die Klöster tradiert. Die Verlagerung der Bildung von den Klöstern und Stiften an die Universitäten erfolgte erst im Laufe des Spätmittelalters. Die Universitätsausbildung blieb den Frauen jedoch versagt.

Mädchen und junge Frauen konnten ihre schulische Bildung im Kloster erwerben. Frauen der Oberschicht wurden häufig – wie die Lebensgeschichten der hl. Lioba, Hildegard von Bingen oder Hildegund von Schönau zeigen – in Klöstern und Stiftsschulen erzogen, da diese Kinder zur Erziehung aufnahmen, gleichgültig, ob sie auf ein geistliches Leben vorbereitet werden sollten oder nicht. Damit bleibt offen, ob Johanna ihre Ausbildung als junge Frau in einem Athener Kloster erhielt – eine Liebesgeschichte wäre dann aber kaum möglich. Oder gelangte sie, als Mann verkleidet, auf anderem Weg zu der hohen Bildung?

Interessant sind an der Päpstinnen-Vita zudem die zwei unterschiedlichen Erzählstrukturen – die nicht näher erläuterte Liebesgeschichte und die Geschichte der gelehrten Frau. Denn am Anfang steht der Hinweis auf die Liebesbeziehung. Da junge Frauen besser nicht alleine reisten, benötigte es des Liebhabers und der Verkleidung als Mann, die Reise nach Griechenland antreten zu können. Am Ende des Aufenthalts in Athen steht die Erkenntniss der Klugheit der jungen Johanna, die wahrscheinlich erst durch die „Vermännlichung" der gelehrten Frau in Männerkleidung möglich wurde.

Nach ihrem herausragenden Studium gab sich Johanna nicht mit der Bildung zufrieden, sondern begann, ein männliches Amt zu erobern, indem sie die Lehrtätigkeit in Rom aufnahm. Dies konnte sicher nur in männlicher Verklei-

dung erfolgen, sonst hätte dem Klerus in Rom das wahre Geschlecht bekannt sein müssen, und Johanna wäre nicht zum Papst gewählt worden.
Jedenfalls war es ihr außergewöhnliches Talent, das sie in Rom zum höchsten Lehramt aufsteigen ließ. Sie unterrichtete in Vorlesungen selbst bedeutende Lehrer in dreien der sieben freien Künste, d. h. im Trivium, bestehend aus Grammatik, Dialektik und Rhetorik. Durch ihre Gelehrsamkeit wurde sie – im Verständnis mittelalterlicher Theologen – zu einem „supermännlichen Geist", wie es Elisabeth Gössmann formulierte, in einem „ohnehin schon männlich gekleideten Weibesleib".
An welcher Institution Johanna ihre Vorlesungen hielt, lässt Martin von Troppau bewusst im

Päpstin Johanna auf dem Heiligen Stuhl (oben) und mit Kind als Attribut (unten); Darstellung des vermeintlichen Päpstin-Johanna-Denkmals auf dem sog. „Platz der Päpstin", aus: Friedrich Sponheim: Die Päpstin Johanna, 1737

Unklaren. Denkbar wäre eine Vorgängerinstitution der päpstlichen Universität, die Papst Bonifatius VIII. am 20. April 1303 gründen sollte, um Anwärter auf die Priesterschaft in räumlicher Nähe zum Heiligen Stuhl auszubilden. Die Sapienza Universität in Rom (italienisch: sapienza = Weisheit), offiziell Università degli Studi di Roma „La Sapienza" genannt, ist heute die größte Universität Europas und älteste Universität Roms.
Martin von Troppau gelingt es durch den Verweis auf die erfolgreiche Lehrtätigkeit, die außergewöhnlichen Fähigkeiten Johannas überzeugend zu belegen. Nur durch Klugheit und List einer Frau waren die Teilnehmer der Papstwahl zu täuschen. Damit ergibt sich eine Parallele zur Geschichte von „Aristoteles und Phyllis" mit dem Motiv des gelehrten Mannes (Aristoteles), der durch eine Frau (Phyllis) verführt, überlistet und bloßgestellt wird (siehe S. 21, 22).
Getäuscht wurden in der Tat Männer, da nur der Klerus das aktive Wahlrecht besaß, seit 1059 waren es ausschließlich die Kardinalbischöfe. Die Zustimmungspflicht der römischen Bevölkerung, die zu einigen Gegenpäpsten geführt hatte, wurde immer wieder eingeschränkt, unter anderem für den Zeitraum von 769 bis 862, oder es wurde auf den römischen Adeligen beschränkt (von 862 bis 1059). Am 22. April 1073 setzte sich beispielsweise das Volk durch, das Papst Gregor VII. noch während des Begräbnisses seines Vorgängers Alexander II. durch einmütige Rufe zum Nachfolger bestimmte. Gregor VII. wurde der bedeutendste Papst des 11. Jahrhunderts. Er trug mit Kaiser Heinrich IV. den Investiturstreit aus, der im Winter 1077 im Gang nach Canossa kulminierte. Dass seit Karl dem Großen zusätzlich die Könige und Kaiser des Frankenreichs bzw. des Heiligen Römischen Reichs Deutscher Nation z. T. Einfluss auf die Wahl

Geburtsszene mit der Päpstin Johanna, Holzschnitt Bern, 1539

nahmen und nur unter der Aufsicht ihrer Gesandten die Wahl stattfinden durfte, kann gleichfalls nicht verwundern.

Martin von Troppau beschreibt die Ernennung Johannas zum Papst wie folgt: „Da sie durch ihre Lebensführung und ihre Gelehrsamkeit in der Stadt großes Ansehen genoss, wurde sie einstimmig zum Papst gewählt." Damit hatte eine Frau, bestätigt auch durch das römische Volk, das höchste Amt der Kirche erklommen.

In der älteren Päpstinnen-Vita von Stephan von Bourbon (s. S. 43) war im Zusammenhang mit der Wahl der Papstes und der damit verbundenen Täuschung der Wahlleute noch ausdrücklich auf die Mitwirkung des Teufels hingewiesen worden: Die Frau sei durch die Intervention des Teufels Papst geworden. Dieser Hinweis fehlt zwar bei Martin von Troppau. Indirekt konnte dies aber ebenso interpretiert werden, wie es nachfolgend diejenigen Autoren taten, die Martins Johanna-Vita rezipierten. Denn durch die Teufelintervention wurden diejenigen Kleriker entlasten, die unbeabsichtigt eine Frau zum Papst gewählt hatten.

Der Logik nach bedurfte es eines Mannes, damit Johanna schwanger wurde und keine Verwechslung mit der unbepfleckten Empfängnis der Gottesmutter Maria aufkam. Zwangsläufig musste es sich um „einen Vertrauten" handeln, denn nur dieser konnte das wahre Geschlecht kennen. Deshalb formulierte Martin von Troppau: „Aber als Papst wurde sie von ihrem Vertrauten geschwängert." Letztlich konnte also auch eine noch so intelligente Frau nicht ihre Weiblichkeit verbergen. Und dies hatte Konsequenzen.

Wie bei den etwas älteren Päpstinnen-Viten schildert – wahrscheinlich ohne diese zu kennen – Martin von Troppau das überraschende Geburtsereignis mit dem darauf folgenden Tod der Päpstin, jedoch ohne die Strafszene. Im Unterschied zu den älteren Viten beschreibt Martin von Troppau zudem erstmals den exakten Ort, an dem die Geburt des Kindes stattgefunden haben soll. Hier scheint er sich auf konkrete Belege berufen zu können, wenn er schreibt: „Den Zeitpunkt der Geburt nicht ahnend, wurde sie, als sie sich von St. Peter zum

Vicus papisse – „Platz der Päpstin" – zwischen den Kirchen von San Clemente und Santi Quattro Coronati in Rom
oben links: Blick vom Vicus papisse zur Apsis der Kirche Santi Quattro Coronati
oben rechts: Muttergottes, Wandmalerei in der Kapelle am Vicus papisse
unten links: Blick vom Vicus papisse zum Kolosseum
unten rechts: Kapelle am Vicus papisse, die als Gedenkstätte an die Päpstin interpretiert wird
S. 55: Blick vom Vicus papisse entlang der Via dei Strada Statale 4 (früher: Via dei Santi Quattro Coronati) Richtung Lateran

oben und rechts: Ausschnitt aus dem Rom-Stadtplan von Antonio Tempesta (um 1555–1630) aus dem Jahr 1593 in der Ausgabe von Giovanni Giacomo de Rossi 1693 (mit nur geringen Änderungen), Ausschnitt oben mit der Kirche San Clemente (links), dem „Vicus papessa" (Platz mit rundbogiger Architektur – ein Denkmal?) (Bildmitte) und dem Kloster mit der Kirche Santi Quattro Coronati (rechts)

Ausschnitt aus der Stadtansicht Roms von Giovanni Maggi 1625 in der Ausgabe von 1774 mit der Kirche San Clemente, dem „Vicus papessa" mit Kapelle und der Kirche Santi Quattro Coronati

Lateran begab, von den Wehen überrascht und gebar in dem engen Gässchen zwischen Kolosseum und der Kirche des hl. Clemens ein Kind. An der gleichen Stelle fand sie ihren Tod und, wie gesagt wird, wurde sie hier auch begraben. Da der Heilige Vater seitdem diesen Weg immer meidet, wird von den meisten angenommen, dass er dies aus Abscheu vor dieser Tat mache."

In der zweiten Version, die kurz nach 1277 entstand, wird Martin von Troppau noch genauer, in dem er darauf verweist, der Ort der Geburt der Päpstin werde „Vicus papisse" („Platz der Päpstin") genannt. Auf dem Platz stehe eine Steinskulptur, die man zum Gedenken an die Päpstin und der Geburt ihres Kindes aufgestellt habe. Interessanterweise berichtet um 1280 auch Jacob van Maerlant in seinem flämischen Historienspiegel von einer Bildsäule mit Johanna-Darstellung. Auch Martin Luther (1483–1546), der im November 1510 für vier Wochen Rom besuchte, sah die Statue, die eine Frau im vermeintlich päpstlichen Ornat zeige, die ein Kind an der Brust säugt. Die Statue soll seit dem Ende des 16. Jahrhunderts, als die Straße verbreitert wurde, verschwunden sein.

Als „Vicus papessa" wurde tatsächlich der Platz auf dem Weg zwischen St. Peter und dem Lateran in Rom bezeichnet, den die Päpste als kürzeste Verbindung zwischen den großen Basiliken Roms zurücklegen mussten. Bekanntermaßen war im Mittelalter nicht St. Peter mit dem Grab des Apostels Petrus der Sitz und Wohnort des Papstes, sondern der Lateran, weshalb die Päpste die Verbindung zwischen Kolosseum und Lateranpalast häufig zu Pferd oder zu Fuß nutzen mussten. Seit dem 13. Jahrhundert erhielt jedenfalls der Platz „Vicus papessa" sinngemäß die Bedeutung „Platz der Päpstin".

Auf dem sog. „Platz der Päpstin" soll die Päpstin durch die Geburt ihres Kindes den Tod gefunden haben und dort begraben worden sein. Letztere Aussage versieht Martin von Troppau allerdings mit einem Fragezeichen, da er einschränkend formuliert: „... wie gesagt wird."

Zum Gedenken an die Päpstin und die Geburt ihres Kindes habe auf dem Platz eine Steinskulptur mit der Darstellung der Päpstin mit Kind gestanden. Da Martin in Rom lebte, darf man davon ausgehen, dass er die Skulptur aus eigener Anschauung kannte.

P.S.Ioann
T.S.Crucis in Gierusalem
Scala santa
Palatio Lateran
Hospitio de Poveri Invalidi
S.Giovanni Lat
uia gregoriana
S.M.Imperatrice
S.Clemente
Colosseo
SS. Gio: e Pa
M.sudante
Arcus Costantini
T.S.M.noua
Arcus Titi
Giard. di Farnere
Monte Palatino
T.pacis
SS. Cosmo et Damiano
Porticus Faustinæ oggi S.Lorenzo
Campo Vacino
S.Adriano
S.Luca in S.Martina
T.S.Teodoro

PORTA·DI·S·GIOVANNI
SCALA
SANTA
PALAZZO·DI
S·GIO·LATERANO
HOSPITALE·DI·S·GIOVANNI
SS·PIETRO·E
MARCELLINO
S·CLEMENTE
S·4·IMPERATRI·C
S·STEFANO·ROTONDO
SS·GIO·E·PAOLO·TIT·DI·C
S·ANDREA
S·GREGORIO
ARCO·DI·CONSTANTINO

Ein Blick auf die heutige Situation (Abb. S. 54 und 55) zeigt an der Stelle des ehemaligen Denkmals eine kleine Marienkapelle. Auf der detaillierten Rom-Ansicht Giovanni Maggis (1566–1618) von 1625 (Abb. links unten und S. 58) ist der Vorgängerbau der heutigen Kapelle zu sehen. Die Rom-Ansicht Antonio Tempestas (um 1555–1630) von 1593 zeigt eine noch wenig bebaute Situation zwischen Kolosseum und Lateranpalast und an der Stelle der heutigen Kapelle eine freistehende rundbogige Architektur. Handelt es sich hier um das Denkmal bzw. die dazugehörige Architekturrahmung, die unter anderem Martin von Troppau und Martin Luther für das Erinnerungsmal der Päpstin Johanna hielten? Oder war es bereits ein Nachfolgebau? Die Darstellung bestätigt zumindest die Beobachtung, dass sich insbesondere Kultobjekte durch eine hohe Nutzungskontinuität auszeichnen, d. h. die Verehrung in der Regel über Jahrhunderte an ein und demselben Ort verbleibt, oft sogar unabhängig von unterschiedlichen Religionen. Für unser Thema ist z. B. auch relevant, dass eine ganze Mithraskrypta – eine vollständige Kultstätte (Mithräum) – unter der Kirche San Clemente ergraben wurde (Abb. S. 73). Der christliche Altar steht fast genau über dem heidnischen.

Des Weiteren berichtet Martin von Troppau, die Päpste hätten aufgrund der „Abscheu" vor dem Ereignis, d. h. der Geburt des Kindes als Sittlichkeitsverbrechen und des Sakraldelikts – der Beleidigung Gottes durch eine Frau auf dem Papststuhl – den Platz gemieden. Offenbar war sich Martin von Troppau auch in diesem Punkt nicht sicher und schränkte ein, dass diese Ansicht „von den meisten angenommen" werde.

Als Begründung, weshalb die Päpstin Johanna nicht in den Katalog heiliger Päpste aufgenommen wurde, schreibt Martin von Troppau abschließend, „weil man ihr weibliches Geschlecht als Makel empfindet". Damit bildet erneut die Erzählung der Erbsünde, die auch nichts anderes als eine fiktive Geschichte ist, das Kriterium für die Geringschätzung einer Frau. Als Martin von Troppau den Päpstinnen-Text 1277 verfasste, waren die theologischen Thesen des Dominikanermönchs Thomas von Aquin (um 1225–1274) geläufig, der die Auffassung vertrat, werde an einer Frau unerlaubt die Weihehandlung vollzogen, empfange sie das unauslöschliche Merkmal des Weihesakraments, doch habe die Weihe aufgrund des „defectus naturae" der Frau keine Wirkung. Aus dieser Sicht, wäre eine Päpstin zu Recht nicht in einer Papstliste zu führen.

Martin von Troppaus Bemerkung, die Päpstin werde wegen ihrer Weiblichkeit und Unmoral nicht in den Papstlisten aufgezählt, wird von den Befürwortern der historischen Existenz einer Päpstin heute stets als Argument zitiert.

Abschließend sei nochmals auf die zweite Version Martin von Troppaus aus dem 14. Jahrhundert in einer Berliner Handschrift verwiesen. Diese endet nicht mit dem Tod der Päpstin und ihres Kindes, sondern mit der Absetzung als Papst und der Verbannung in ein Kloster. Johannas Sohn sei schließlich Kardinalbischof von Ostia geworden.

Die Papstchronik Saccis

1475 wurde das große Werk über die Lebensbeschreibungen der Päpste („Liber de vita Christi ac omnium pontificum" – „Buch vom Leben Christi und aller Päpste") von Bartolomeo Sacci, genannt Platina (1412–1481), dem Leiter der Vatikanischen Bibliothek, vollendet, das Papst Sixtus IV. (amt. 1471–1484) in Auftrag gegeben hatte. Auch Platina schloss sich der Überzeu-

Ausschnitt aus der Stadtansicht Roms von Giovanni Maggi 1625 in der Ausgabe von 1774 mit der Kirche San Clemente, dem „Vicus papessa" mit der heutigen Kapelle und der Kirche Santi Quattro Coronati

S. 61:
Papst Sixtus IV. und Platina, knieend im Vordergrund, Leiter der Vatikanischen Bibliothek, Fresko von Melozzo da Forli in den Vatikanischen Museen, Rom, 1476/77

gung des Martin von Troppau an und fügte zwischen die Viten der Päpste Leo IV. und Benedikts III. die Päpstin Johanna ein. Dabei wiederholte er die Vita Martin von Troppaus, ergänzt durch zusätzliche Einzelheiten des päpstlichen Prozessionswegs und der Männlichkeitsprüfung (dazu siehe S. 75–77). Bezüglich der Glaubwürdigkeit der Vita äußerte er allerdings gewisse Zweifel, entschied sich aber dennoch für die Einfügung der Päpstin in die offizielle, vom Papst Sixtus IV. authorisierte Chronologie der Päpste. Alle Kirchenhistoriker übernahmen Platinas Angaben.

Die Päpstinnen-Viten des Spätmittelalters

Wie kein anderer Text zur Päpstin prägte der Ursprungstext von Martin von Troppau die späteren Fassungen der Johanna-Viten. Kurzfassungen der Lebensbeschreibung Johannas wiederholen fast diesen Text.

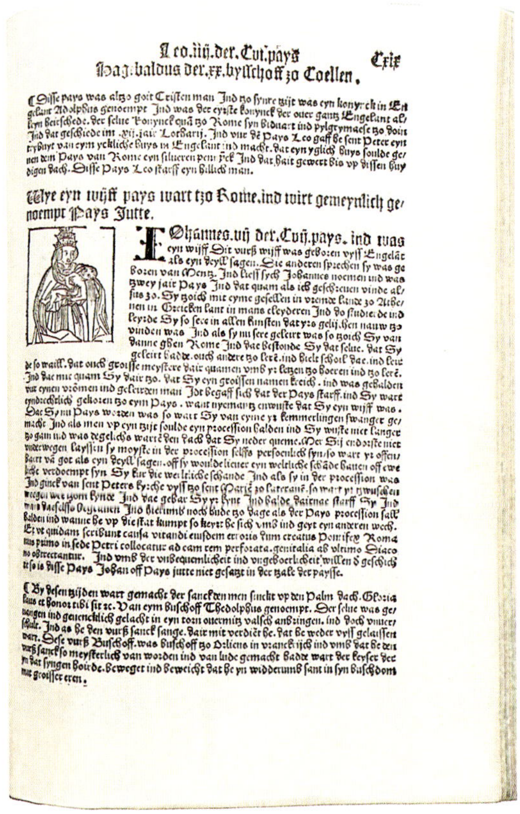

Leo.iiij.der.Cvi.pays Cxix
Hag.baldus der.xx.byschoff zo Coellen.

Disse pays was alzo goit Cristen man Ind zo synre zijt was eyn konynck in Engelant Adolphus genoempt Ind was der eyrste konynck der over gantz Engelant alleyn heirschede. der selue konynck quam zo Rome syn bidvart ind pylgrymaesse zo doin Ind dat geschiede im .xij.jair Lotharij. Ind vur de Pays Leo gaff he sent Peter eyn trybuyt van eym ycklichen huys in Engelant ind machte. dat eyn yglich huys soulde geven dem Pays van Rome eyn silueren pennynck Ind dat hait gewert bis vp dissen huydigen dach. Disse Pays Leo starff eyn hillich man.

Wye eyn wijff pays wart tzo Rome. ind wirt gemeynlich genoempt Pays Jutte.

Johannes.viij der.Cvij.pays. ind was eyn wijff Dit vurss wijff was geboren vyss Engelant als eyn deyll sagen. Die anderen sprechen sy was geboren van Mentz. Ind liess sych Johannes noemen ind was zwey jair Pays Ind dat quam als ich geschreuen vinde alsus zo. Sy zoich mit eyme gesellen in vremde lande zo Athenen in Greicken lant in mans cleyderen Ind do studierde ind leyrde Sy so sere in allen kunsten dat yrs gelijchen nauw zo vinden was Ind als sy nu sere geleirt was so zoich Sy van danne ghen Rome Ind dae bestonde Sy dat selue. dat Sy geleirt hadde. ouch andere zo leren. ind hielt schoil dae. ind leirde so waill. dat ouch groisse meystere dair quamen vmb yr letzen zo hoeren ind zo leren. Ind dae mit quam Sy dair zo. dat Sy eyn groissen namen kreich. ind was gehalden vur eynen vromen ind geleirden man Idt begaff sich dat der Pays starff. ind Sy wart eyndrechtlich gekoren zo eym Pays. want nyemantz enwuste dat Sy eyn wijff was. Dae Sy nu Pays worden was so wart Sy van eyme yrs kemmerlingen swanger gemacht Ind als men vp eyn zijt soulde eyn procession halden ind Sy wuste niet langer zo gain ind was degelichs wartende den dach dat Sy neder queme. Mer Sij endorste niet vnderwegen layssen sy moyste in der procession selffs persoenlich syn/ so wart yr offenbart van got als eyn deyll sagen. off sy woulde liever eyn werltliche schande hauen off ewelich verdoempt syn Sy kur die werltliche schande Ind als sy in der procession was Ind ginck van sent Peters kyrche vyss zo sent Marien zo Laterane. so wart yr tzwuschen wegen wee yrom kynde Ind dae gebar Sy yr kynt Ind balde dairnae starff Sy Ind wart daeselffs begrauen Ind hierumb noch hude zo dage als der Pays procession sall halden ind wanne he vp die stat kumpt so keyrt he sich vmb ind geyt eyn anderen wech. Et vt quidam scribunt causa vitandi eiusdem erroris dum creatus Pontifex Romanus primo in sede Petri collocatur ad eam rem perforata. genitalia ab vltimo Diacono obtrectantur. Ind vmb der vnbequemlicheit ind vngeboerlicheit willen der geschichte so is disse Pays Johan off Pays jutte niet gesatzt in der tzale der paysse.

By desen tzijden wart gemacht der sanck den men singt vp den Palm dach. Gloria laus et honor tibi sit etc. Van eym buschoff Thedolphus genoempt. Der selue was gevangen ind gevencklich gelacht in eyn torn overmitz valsch anbringen. ind doch vnschuldich. Ind as he den vurss sanck sange. dair mit verdient he. dat he weder vyss gelaissen wart. Dese vurss Buschoff. was buschoff zo Orliens in vranckrijch ind vmb dat he den vurss sanck so meysterlich van worden ind van lude gemacht hadde wart der keyser der yn dat syngen hoirde. beweget ind beweicht dat he yn widderumb sant in syn buschdom mit groisser eren.

Päpstinnen-Vita, aus: Johann Koelhoff der Jüngere: Die Cronica van der hilliger Stat von Coellen, 1499

Als eine „gekürzte“ Version kann z. B. die deutschsprachige Johanna-Vita von Leopold Stainreuter (um 1340–um 1400) aus der „Österreichischen Chronik von den 95 Herrschaften“ aus der Zeit um 1384/85 zitiert werden: „Ain weib ward pabst nach Christi gepürd achthundert siben und vierczig jare und besazz den stul drew jar und fümf mened und het sich Johannes genennet. Si cham in mans chlaid gen Athen und lert grozz chünste. Darnach cham si gen Röm und lazz da manige grosse chunst. Ander maister, schuler und phaffen horten ir leczen, und was ze Röm die weil dhain maister, der alz maisterleich hiet gelesen. Darumb ward si zu ainem pabst erwelet und ward darnach swanger. Do si in ainer processen gen solt, do vieng si weibleich chranchait und geperte ain chind.“

Auch die Beschreibung der Päpstin Johanna als Johannes VII. in der Schedelschen Weltchronik von 1493 (siehe S. 8/9) orientiert sich an Martin von Troppaus Ausgangstext. Wie bei Martin bereits festgelegt, wird die Päpstin zwischen das Pontifikat Leos IV. und Benedikts III. eingeschoben. Andere Päpstinnen-Viten setzten Johanna mit Johannes VIII. (amt. 872–882) gleich, da dieser aufgrund seiner angeblichen Nachgiebigkeit als „weibisch“ galt. Seltener werden Johannes VII., IX., XI. oder XX., den es allerdings nicht gab, für die Päpstin gehalten

Die auf Martin von Troppau zurückgehende Lebensgeschichte bei Bartolomeo Sacci war die Vorlage für die Päpstinnen-Vita in niederdeutscher Sprache in der Kölnischen Chronik („Die Cronica van der hilliger Stat von Coellen“) von 1499 des Verlegers Johann Koelhoff des Jüngeren († nach 1502). Hier erhielt Papst Johannes den Namen Jutta. Die Abweichung vom Päps-

TEMPLA DOMVM EXPOSITIS: VICOS FORA MOENIA PONTES:
VIRGINEAM TRIVII QVOD REPARARIS AQVAM.
PRISCA LICET NAVTIS STATVAS DARE COMMODA PORTVS:
ET VATICANVM CINGERE SIXTE IVGVM:
PLVS TAMEN VRBS DEBET: NAM QVAE SQVALORE LATEBAT:
CERNITVR IN CELEBRI BIBLIOTHECA LOCO.

S. 63:
Geburtsszene der Päpstin Johanna, Darstellung in der französischen Miniaturmalerei aus dem frühen 15. Jahrhundert in Giovanni Boccaccios Schriften (Bibliothèque nationale de France, Paris, Ms. fr. 12420, fol. 155v)

tinnen-Namen Johanna ist relativ häufig. So kommen als weitere Namen unter anderem Gilberta, Anna und Agnes vor. Die Vielzahl der Frauennamen könnte darauf hinweisen, dass die Geschichte der Päpstin oft mündlich weitererzählt und anschließend aufgeschrieben wurde.
Neben unterschiedlichen Frauennamen lassen sich in den verschiedenen Päpstinnen-Viten des Spätmittelalters und der Frühen Neuzeit als Herkunftsort neben England auch die Orte Fulda, Ingelheim und Mainz finden. Es überwiegt jedoch als Geburtsort die Variante des Martin von Troppau: Mainz.

Der italienische Humanist Bartolomeo Sacchi schrieb 1479 über die Päpstin Johanna: „Man sagt, dass sie durch teuflische Machenschaften auf den Papststuhl gelangte." Bei der Geburt ihres Sohnes sei ein Teufel in der Luft erschienen und habe triumphierend gerufen: „Papa, pater patrum, pererit papissa papellum." („Der Papst, Vater der Väter, gebar als Päpstin einen kleinen Papst"). Neben Bartolomeo Sacchi äußerten sich zahlreiche Autoren von Jacobus de Voragine (um 1230–1298) bis Heinrich von München (14. Jahrhundert) negativ über die Päpstin, die sie aufgrund des vorgetäuschten Geschlechts und der Schwangerschaft beschimpften. Petrarca, Luther und andere verglichen das Pontifikat der Päpstin mit den apokalyptischen Plagen der Bibel. Selbst Giovanno Boccaccio (1313–1375), der bedeutende Schriftsteller, Demokrat und Humanist, sprach in seiner um 1370 entstandenen neulateinischen Frauenschrift „De mulieribus claris" von einer „unerhörten Unverschämtheit", die sie auf der ganzen Welt bekannt gemacht habe. Auch bei Boccaccio, dessen französische Übersetzungen mit den künstlerisch hochwertigen Miniaturbildern der Geburtsszene der Päpstin ausgestaltet wurden (Abb. S. 3, 6, 43 und 63), ist es der Teufel, der die Frau „zu jener verbrecherischen Verwegenheit" geführt habe. Der Bund mit dem Teufel war ein wichtiges Motiv innerhalb vieler Päpstinnen-Viten.
Welch negatives Bild die Päpstin für einige Theologen abgab, veranschaulicht ein Holzschnitt, der die Vision des italienischen Karmelitermönchs und Dichters Battista Mantovano (1447–1516) wiedergibt, der die Päpstin mit ihrem Liebhaber – einem Kardinal – erhängt über einem Höllenrachen zeigt. Darüber hinaus wurde gelegentlich auch Johannas Gelehrsamkeit als Gefahr und als Monstrum gesehen.
Diesen Autoren stehen diejenigen entgegen, die sich positiv zur Päpstin und ihrer vorbildlichen Lebensführung sowie dem großen Wissen äußern, wie etwa der Züricher Kirchenpoliker Felix Hemmerlin (1388/89–1458/61) oder der Autor und Kleriker Martin Le Franc (um 1410–1461) in seiner bekannten Lobeshymne auf die Frau „Le Champion des Dames" („Der Kämpfer für die Frauen"). Sie sehen die Geburt nicht als Skandal, sondern als ein Missgeschick. Das Frauenpontifikat gehe auf eine göttliche Vorsehung zurück.

Die „Päpstin" und ihr Liebhaber am Galgen über einem Höllenrachen nach der Vision Battista Mantovanos, aus: Johannes Wolf: Lectionum memorabilium et reconditarum libri duo, Lauingen, 1600, S. 230

nabn
z et
tres
auoit
idant
non
e mai
s la
nde
ir le
le cho
as.
arm
fut
s dor
nes
t de
igue
ules
igne
u fais
is cou

de zenobie non pas loing du
pales adrien et en cellui me
ismes lieu appelle estoit de
ceulx du pays.

Cy apres sensuit de Jehen
ne englesche pape. La
Cent et vne. Rubriche.

ehenne ias
soit ce que

LUTHER UND DIE PÄPSTIN JOHANNA

Noch vor Luther übte der böhmische Reformer Jan Hus (um 1369–1415) heftige Kritik an der Geistlichkeit, deren Aufgabe es sei, ein wahrhaftiges und heiliges Leben zu führen und den Gläubigen zu dienen. Stattdessen aber, so klagte Hus, würde der Klerus seiner Zeit zumeist Gott verachten und nach Gewinn streben, anstatt dem Volk zu helfen. Seine Kritik an der Institution des Papsttums, deren unbegrenzte Autorität er unter anderem anklagte, konnte er mit Hilfe der Päpstin, die er Agnes nannte, präzisieren. Denn im Leben der Päpstin fand er seine Vorbehalte zum weltlichen Besitz der Kirche, der Habsucht des Klerus und zum Lasterleben bestätigt. Wie allgemein bekannt ist, brachte er seine durchaus teilweise nachvollziehbaren Kritikpunkte auf dem Konzil von Konstanz 1415 vor und wurde am Nachmittag des 6. Juli mit seinen Schriften verbrannt, seine Asche in den Rhein gestreut.

Geburtsszene der Päpstin Johanna, Darstellung aus: Hermann Witekind: Das die Jesuiter des Papstlichen Stuls zu dieser Zeit fürnemste stützen, falschlich fürgeben und vergeblich steriten Papst Johanes VIII sey kein weib gewesen, 1598

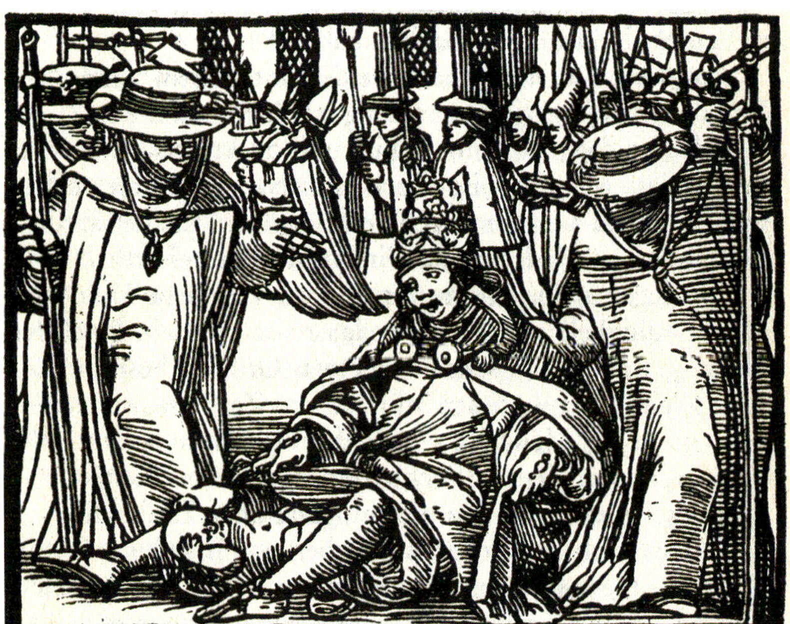

Wie die Teilnehmer des Konstanzer Konzils hatte auch Martin Luther (1483–1546) keinerlei Zweifel an der Existenz eines weiblichen Papstes. Er nannte die Päpstin – wie Jan Hus – „Agnes“.
Als Luther im November 1510 für vier Wochen in Rom war, besuchte er selbstverständlich die vermeintliche „Päpstinnen-Statue“, die eine Frau, die ein Kind an der Brust säugt, im angeblichen päpstlichen Ornat zeigte (vgl. Abb. S. 74). Die Statue soll seit dem Ende des 16. Jahrhunderts, als die Straße verbreitert wurde, verschwunden sein. In den Tischreden berichtete Luther: „Zu Rom hab ich gesehen in einer großen Gassen, so stracks nach S. Peters Münster gehet, offentlich in einen Stein gehauen einen Papst, wie ein Weib mit einem Scepter [ein päpstliches Zepter gibt es allerdings nicht], päpstlichen Mantel, trägt ein Kind am Arme; durch diesselbe Gasse zeucht kein Papst, daß er solch Bilde nicht darf sehen. Denn ein Weib mit Namen Agnes, so von Mainz bürtig war, ist etwa von einem Cardinal knabenweise in Engeland geführt und endlich gen Rom bracht. Da ist sie von Cardinälen zum Papst gewählet worden, aber sie ist zu Schanden und offenbar worden, daß sie offentlich in derselben Gasse ein Kind gehabt. Es ist den Buben eben recht geschehen; der Teufel hat ihrer fein gespottet mit seinem Creatürichen. Es nimmt mich Wunder, daß die Päpste solch Bilde leiden können; aber Gott blendet sie, daß man sehe,

was Papstthum sei: eitel Betrug und Teufelswerk."

Bekanntermaßen war Luther ein scharfer Kritiker des Papsttums und sah den Papst als den Antichristen der Endzeit, in dem sich das Jüngste Gericht ankündigt. Diese Äußerungen waren neu, da es zwar im Mittelalter heftige Kritik an einzelnen Päpsten, wie etwa der Päpstin Johanna, gab, aber nicht an der Institution des Papsttums.

Luthers Ablehnung gegenüber dem Papsttum äußerte er mehrfach, unter anderem 1545 in der Schmähschrift „Wider das Papsttum zu Rom, gestiftet vom Teufel", in dem er Anti-Papstdarstellungen – Holzschnitte aus der Werkstatt des Lukas Cranach d. Ä. – veröffentlichte, darunter die Grafik des sog. Papstesels als Antichrist.

Die Päpstin stand – nach Luthers Auffassung – für drei schwere Laster: das vorgetäuschte Geschlecht, ihre Lüsternheit und das Zusammenspiel mit den Dämonen. Damit stand die Päpstin als Symbol der Verderbtheit der Papstkirche. Die Päpstin kam Luther in seiner Argumentation gelegen, zumal durch sie die apostolische, d. h. auf Petrus zurückgehende Nachfolge der Päpste durchbrochen worden war und sie – wie er glaubte – die in der Apokalypse, d. h. der Geheimen Offenbarung des Johannes, beschriebene babylonische Hure sei, die für das Übel der Welt und die Gotteslästerung – kurz gesagt, für den Antichristen, den Gegenspieler Christi – stehe. Damit wurde die Päpstin in der protestantischen Kritik zu einer antipapalen Kampfparole.

Das von Luther und anderen protestantischen Geschichtsschreibern vertretene Bild der Päpstin als apokalyptisches Weib fand schließlich auch in der Druckgrafik ihren Einzug. Das eindruckvollste Zeugnis ist die um 1545 erschienene Illustration in einem lutherischen Werk von

Darstellung des Papstes Johannes VII. als Päpstin mit Namen Agnes als babylonische Hure/apokalyptisches Weib, Kupferstich um 1545, aus: Martin Schrott, um 1545

Päpstin Agnes trägt eine Tiara und sitzt auf einem siebenköpfigen Ungeheuer. Sie gibt den Königen der Erde aus einem Kelch der Greul zu trinken.

Martin Schrott über die „schreckliche Zerstörung des ganzen Papsttums". Die babylonische Hure mit der dreifachen Papstkrone, der Tiara, reitet hier ein siebenköpfiges Ungeheuer. Beschriftet ist die Päpstin mit: „Agnes, ein Weib aus England, Johannes VII. genannt, im Jahr 851".
Aber auch in Luthers bebilderter deutschsprachiger Bibelübersetzung in der Ausgabe von 1545, d. h. noch zu Luthers Lebzeiten, wird die babylonische Hure in einem Holzschnitt in der Gestalt der Päpstin dargestellt.

Dem Gedankengut Luthers folgten seine reformatorischen Anhänger, denen daran lag, die Existenz der Päpstin zum Schaden des Papsttums zu belegen. Dieses Bestreben bestand selbst noch Generationen später, als etwa der Lutheraner Johannes Wolf (1537–1600) im Jahr 1600 in seiner umfangreichen Sammlung „Lectiones Memorabiles" einige ihm bekannte Handschriften und Drucke (Abb. S. 62 und 76) sammelte, um die Exitenz der Päpstin zu belegen. Eine letzte Quellensammlung legte auch der in Leiden und Heidelberg lehrende calvinistische Theologe Friedrich Spanheim (1632–1701) in mehreren Auflagen ab 1694 vor („Histoire de la Papesse Jeanne"). Die deutschsprachige Ausgabe „Die Päpstin Johanna" erschien 1737 mit attraktiven Kupferstichen (Abb. S. 52, 67 und 77). Der lutherische Hochschullehrer Flacius Illyricus (1520–1575) fasste in seinen 1565 erschienenen „Magdeburger Zenturien" diese reformatorische Gleichsetzung von Päpstin und Antichrist wie folgt zusammen: „Gott hat in

Darstellung der Päpstin als babylonische Hure bzw. apokalyptisches Weib in der Lutherbibel, Holzschnitt, 1545

diesem [9.] Jahrundert durch ein denkwürdiges, besonderes Ereignis die Schande des Papststuhls offenbart und jene babylonische Hure dem Blick aller unterworfen, damit die Frommen erkennen sollten, dass die von der ganzen Welt verehrte, heilige päpstliche Würde die Mutter aller geistlichen und leiblichen Unzucht sei, damit sie lernen sollten, sie zu verabscheuen. Denn Johannes Anglus (...) war eine Frau und gebrandmarkte Hure." (zitiert nach M. Kerner/K. Herberts: Die Päpstin Johanna, 2010, S. 118, 120).

Flacius Illyricus ergänzte bzw. manipulierte die seit Martin von Troppau gängige Lebensbeschreibung der Päpstin derart, dass seine These der Hure Babylon anschaulicher wurde. Die spätere Päpstin sei als Tocher eines englischen Priesters in Mainz mit dem Namen Gilberta zur Welt gekommen. Ein Mönch brachte das außergewöhnlich begabte Mädchen, ihr Geschlecht verheimlichend, zur Ausbildung in Lesen und Schreiben ins Benediktinerkloster Fulda, wo sie als Mönch verkleidet lebte. Mit ihm reiste sie zum Studium der lateinischen und griechischen Sprache nach Athen. Nach dem Tod ihres Liebhabers oder Ehemanns und der erfolgreichen Lehrtätigkeit sei sie Papst geworden. Als Papst hätte sie 856 Kaiser Lothar, nach dessen Eintritt ins Kloster Prüm, Zepter und Krone an dessen Sohn Ludwig verliehen. Damit habe sich die Apokalypse erfüllt, dass die Könige der Erde der Hure von Babylon huldigen und ihr die Macht erhalten würden. Schließlich habe sie unter dem Schleier der Heiligkeit ihre abscheulichen Begierden befriedigt und sei von einem ihrer vielen Liebhaber, einem Kardinal, geschwängert worden und bei der Geburt des Kindes bei San Clemente verstorben. Die Männlichkeitsprüfung (s. S. 75–77) werde nicht mehr durchgeführt, da die Konkubinen allgemein bekannt seien und die Männlichkeit des Papstes bezeugen könnten.

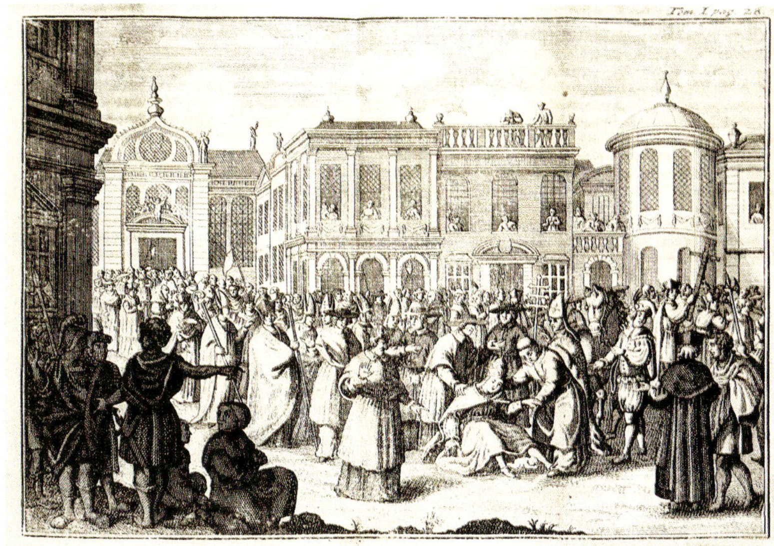

Geburtsszene der Päpstin, Kupferstich, aus: Friedrich Spanheim: Die Päpstin Johanna, 1737

Nach dem reformatorischen Angriff auf die Kirche und das Papsttum begannen katholische Autoren, Gegenschriften zu veröffentlichen, um die Ungeschichtlichkeit der Päpstin zu belegen. Der Gegenbeweis der Nicht-Existenz der Päpstin war der Beleg für die kontinuierliche Institution des Papsttums als von Gott gewollte Wahrheitsinstitution.

Schon Onofrio Panvinio (1530–1568) äußerte Zweifel an der Existenz einer Päpstin, da es keine Lücke für ein zweijähriges Pontifikat zwischen Leo IV. und Benedikt III. gäbe. Zudem zitierte er einen Brief Papst Leos IX. (amt. 1049–1054) an den Patriarchen Michael Kerullarios von Konstantinopel, in dem von dem Gerücht die Rede war, es habe eine Frau als Patriarchin gegeben. Diese Unterstellung wäre undenkbar, wenn die römischen Päpste eine Frau in ihren Reihen gehabt hätten.

In der Folge setzte sich die Auffassung durch, dass die Päpstin historisch nicht belegbar ist. Als erster Protestant scheint der reformierte Kirchenhistoriker David Blondel (1590–1655) die Geschichte um die Päpstin Johanna ins Reich der Fantasie verwiesen zu haben.

JOHANNA UND DIE PAPSTREIHENFOLGE

Darstellung von Päpsten, Bischöfen, Kardinälen und Mönchen als Märtyrer auf dem Genter Altar in der St. Bavo-Kathedrale in Gent, 1432 von Jan van Eyck und möglicherweise dessen Bruder Hubert van Eyck ausgeführt. 79 Päpste und ein Gegenpapst werden als Heilige verehrt.

Die Päpste führen sich als Oberhaupt der weströmischen Weltkirche seit dem 1. Jahrhundert auf den Apostel Simon Petrus zurück, der um das Jahr 67 in Rom den Märtyrertod erlitt. Der Anspruch des Petrus und seiner Nachfolger auf die Leitungsgewalt der Kirche wird vor allem aus der Bibelstelle des Matthäus-Evangeliums, Kapitel 16, 18/19, abgeleitet: „Du bist Petrus und auf diesen Felsen werde ich meine Kirche bauen, und die Mächte der Unterwelt werden sie nicht überwältigen. Ich werde dir die Schlüssel des Himmelreichs geben;

was du auf Erden binden wirst, das wird auch im Himmel gebunden sein, und was du auf Erden lösen wirst, das wird auch im Himmel gelöst sein."

Der Titel „Papst" (papa = Vater) wurde zuerst von den Patriarchen von Alexandria – erstmals durch Patriarch Heraclas (amt. 232–248) – verwendet. Seine Nachfolger, die Päpste der Koptischen Kirche, tragen diesen Titel bis heute. Der erste römische Bischof, der den Titel „Papst" führte, war Marcellinus († 304). Doch erst seit Leo dem Großen (amt. 440–461) etablierte sich die Bezeichnung, die rückwirkend auch auf seine Vorgänger angewendet wird.

Die Angaben über die Zahl der Päpste schwanken geringfügig. Wahrscheinlich ist Papst Benedikt XVI. der 267. Papst der Weltgeschichte. Hinzu kommen 38 Gegenpäste, die nicht mitgezählt werden, aber gelegentlich die Zählziffern der Papstnamen beeinflussten. Drei Päpste starben vor der Bischofsweihe.

Der häufigste Papstname ist mit 26-mal Johannes. Hier gibt es die größte Verwirrung, wie sich auch im Zusammenhang mit der Päpstin Johanna zeigt. Johannes VII. und XXIII. existieren jeweils für den rechtmäßigen und einen Gegenpapst, Johannes XVI. war ein Gegenpapst, XX. ist nicht vergeben. Außerdem kommt der Name zweimal im Doppelnamen Johannes Paul vor.

Martin von Troppau setzte das Pontifikat der Päpstin Johanna in die Mitte des 9. Jahrhunderts. Sie soll Papst Leo IV. (amt. 847–855) gefolgt sein, der gleichfalls als ein Mann hoher Bildung und vorbildlicher Lebensweise gilt. Ein Blick auf die Papstabfolge zeigt jedoch, dass für eine Päpstin Johanna eigentlich kein Platz ist, da Papst Leo IV. am 17. Juli 855 starb und zwei Monate später bereits Benedikt III. gewählt wurde, wie unter anderem die päpstliche Korrespondenz mit dem Patriarchen von Konstantinopel belegt.

Doch werfen wir einen kurzen Blick auf das Leben des hl. Papst Leo IV. (amt. 847–855). Als Sohn des römischen Bürgers Rodualdus wurde der Benediktinermönch aufgrund der Sarazenenkämpfe in Eile ohne Zustimmung durch Kaiser Lothar geweiht. Die Verwüstungen, die die Kämpfe mit den arabischen Invasoren in den römischen Vorstädten verursachten, führten zu der Entscheidung, die Stadt um St. Peter zu befestigen. Der daraus entstehende neue Stadtteil hieß nach Papst Leo in der Folge „civitas leonina" – Leostadt. Die verwüsteten Kirchen erhielten neue Ausstattungsstücke. 849 konnte der sarazenischen Flotte vor Ostia eine vernichtende Niederlage beigebracht werden.

Leo IV. folgte Papst Benedikt III. (amt. 855–858) in einem nur zweijährigen Pontifikat. Von ihm liegen deshalb nur wenige belegte Informationen vor. Die Behauptung, Benedikt III. sei von der römisch-katholischen Kirche erfunden worden, als im 17. Jahrhundert Päpstin Johanna aus der Geschichte getilgt worden sei, kann schon durch die Existenz von Münzen, die Benedikt III. zusammen mit dem am 28. September 855 verstorbenen Kaiser Lothar zeigen, widerlegt werden. Erhalten sind ausreichend Korrespondenzen, z. B. mit dem Erzbischof von Reims, ein Rundschreiben an die Bischöfe oder die Papsturkunde für das Kloster Corbie in Frankreich vom 7. Oktober 855.

Petrusfigur mit Schlüssel von Arnolfo di Cambio (um 1240–1302/1310) in St. Peter in Rom

Darüber hinaus gab es einen Gegenpapst zu Benedikt III. – Anastasius Bibliothecarius († 879). Seine Lebensgeschichte ist spektakulär, da er 847 oder 848 von Papst Leo IV. zum Kardinalpriester von San Marcello in Rom ernannt, jedoch 850 abgesetzt und exkommuniziert sowie 853 des priesterlichen Amtes auf Lebenszeit enthoben wurde. Dennoch versuchte er sich im September 855 mit kaiserlicher Hilfe als Gegenpapst gegen den bereits gewählten Benedikt III. durchzusetzen, den er nach Einnahme des Lateranpalastes vom Thron stoßen und inhaftieren ließ. Als Anastasius sich zum Papst weihen lassen wollte, weigerten sich die Kardinalbischöfe von Ostia und von Albano aufgrund seiner Vorgeschichte. Schließlich fand sich Anastasius mit seiner Niederlage ab und Benedikt III. blieb Papst. Seitdem Anastasius 867 von Papst Hadrian II. zum Bibliothekar der römischen Kirche ernannt worden war, führte er den Beinamen Bibliothecarius. In dieser Zeit erstellte er bedeutende Schriften und führte unter anderem das sog. Papstbuch weiter.

Kaiser Konstantin übergibt Papst Silvester die Tiara, Fresko in der Silvesterkapelle im Kloster Santi Quattro Coronati, 1246

Jenes sog. Papstbuch – der „Liber Pontificalis", der seit etwa dem Jahr 530 in einem Skriptorium im Lateran geführt wurde – ist die bedeutendste Quelle für die frühe Geschichte der Päpste. Es enthält seit dem 7. Jahrhundert eine Sammlung von Lebensbeschreibungen der Päpste, die fortlaufend von Zeitgenossen verfasst wurden. Aufgeführt sind Angaben zur Herkunft, zum Lebenslauf, zur Papst-Ernennung und Dauer des Pontifikats, zum Tod, Begräbnisort und zum Charakter sowie zur Tätigkeit und Geschichte.

Doch auch im „Liber Pontificalis" und seinen Abschriften gibt es keine Lebensbeschreibung einer Päpstin. Was es allerdings gibt, ist ein Nachtrag zur Päpstin als Fußnote in einem Liber-Pontificalis-Manuskript und zwar nur demjenigen ausgerechnet in der vatikanischen Bibliothek! Aber dieser Nachtrag zeigt eine Handschrift, die in das 13. oder eher 14. Jahrhundert datiert werden muss. Und das ist letztlich das Spektakuläre: Unter dem Einfluss der Chronik des Martin von Troppau wurden selbst die Quellen des 9. Jahrhunderts im Vatikan nachträglich dahingehend korrigiert, dass es eine Päpstin gab!

Seit Martin von Troppau galt somit über Jahrhunderte in der Regel die Annahme, Päpstin Johanna habe zwischen Leo IV. und Benedikt III. den Heiligen Stuhl innegehabt. Da aber die Ordnungszahl der Papstnamen nicht nachträglich verschoben werden konnte, ergab sich die kuriose Situation, dass etwa die Schedelsche Weltchronik von 1493 einen Papst Johannes VII. zweimal auflistet! Denn selbstverständlich ist Papst Johannes VII. († 707), der 705 zum

Papst gewählt worden war und die Kirche Santa Maria Antiqua auf dem Forum Romanum in Rom mit Fresken ausstatten ließ, aufgeführt. Doch zwischen Leo IV. und Benedikt III. fügte die Redaktion der Schedelschen Weltchronik die Päpstin ein und gab ihr gleichfalls den Namen Johannes VII. (Abb. S. 7–9).

Es kann festgestellt werden, dass es keine historischen Belege für die Existenz einer Päpstin gibt. Selbst der byzantinische Patriarch Photios I. der Große (um 820–891), einer der gelehrtesten Männer seiner Zeit, Initiator der Slawenmission von Kyrillos und Methodios und entschiedener Gegner des römischen Papsttums, erwähnt in seinen Schriften Leo und Benedikt als aufeinander folgende Päpste.

Man beachte auch, dass es im Vatikan eine Kanzlei zur Anfertigung und Archivierung gab. Dennoch sind weder hier noch anderswo Vermerke zu einer Päpstin vor dem 13. Jahrhundert erhalten. Hinzu kommt, dass anlässlich einer Papstwahl und zur Papsteinführung seit Karl dem Großen ein Gesandter des Frankenreichs bzw. des Heiligen Römischen Reichs Deutscher Nation anwesend sein sollte, so dass es Korrespondenzen auch außerhalb Roms geben müsste. In der Kanzlei am Hofe des Patriarchen von Byzanz hätte man eine Skandal-Päpstin gerne aufgegriffen. Nicht zuletzt waren für Photios I. (amt. 858–886) die römischen Päpste eine Provokation für die Autorität seiner orthodoxen Kirche. Bei einer zwei Jahre amtierenden Päpstin in Rom hätte er sicher kaum versäumt, dies propagandistisch für sich zu nutzen.

Die 1261/65 verfasste Legende einer Päpstin in der kleinen Chronik („Chronica minor") eines Erfurter Franziskaners ordnet die Päpstin in die Zeit um 900 ein, als es zu stadtrömischen Parteikämpfen kam. Die Folge war, dass es nach dem Pontifikat des Papstes Formosus (amt. 891–896) innerhalb von fünf Jahren bis zum Jahr 900 sieben Päpste gab. Darunter waren vielfach umstrittene Papsterhebungen, da die Päpste durch Gewalt gestürzt oder an die Macht gekommen waren. Eine Päpstin gibt es auch zu diesem Zeitpunkt nicht.

Einige Autoren möchten einen Zusammenhang zwischen einer Päpstin und der selbst ernannten Senatorin von Rom, Marozia (um 892–nach 932), herstellen, die sowohl die weltliche als auch kirchliche Politik Roms zwischen 914 und 932 dominierte und lenkte. Die Päpste Johannes X., Leo VI., Stephan VII. und Johannes XI. sollen von ihr völlig abhängig gewesen sein. Ihre „Herrschaft" ist als das Zeitalter der Pornokratie (Mätressenherrschaft) in die Geschichte eingegangen. Wie das Leben Marozias ist auch der Vergleich und die Verbindung mit der Päpstin spekulativ.

Fiktiv rekonstruiertes Wandbild vom Innenraum der Lateransbasilika (San Giovanni in Laterano) im mittelalterlichen Zustand, Wandmalerei in San Martino ai Monti, Rom, um 1650. Der Lateran war im Mittelalter der Sitz des Papstes.

DIE ENTSTEHUNG DER LEGENDE

Wie der Blick auf die Papstabfolge zeigte, fällt es schwer, einen weiteren Papst und insbesondere eine Päpstin historisch in die Papstliste hinzuzufügen. Wie erklärt sich aber, dass über Jahrhunderte hinweg eine Päpstin als Realität angenommen wurde? 1863 veröffentlichte der Theologe Johann Joseph Ignaz von Döllinger (1799–1890) das Buch „Die Papst-Fabeln des Mittelalters“. Darin konnte er die Motive für die Entstehung der Päpstinnen-Legende klären.

Zunächst gelangte von Döllinger zu dem Ergebnis, dass der Ursprung der Päpstinnen-Viten nicht im Zeitraum um 850, sondern um 1250 zu suchen sei, da es vor der 2. Hälfte des 13. Jahrhunderts keine schriftlichen Quellen zur Päpstin gibt. Alle früheren Schriften enthalten nur dann Hinweise auf eine Päpstin, wenn nachträglich der Name hinzugefügt wurde, wie im „Chronicon“ des Marianus Scotus († 1082) oder bei Sigebert von Gembloux um 1100. Dabei handelt es sich um Ergänzungen in einer Schreibform des 13./14. Jahrhunderts.

Spätantiker Mithrasstein, San Clemente, Rom

Anhand der frühesten schriftlichen Zeugnisse um 1250/60 von Jean de Mailly und Stephan von Bourbon sowie der Erfurter Chronik musste eine Inschrift existieren, die sechs „P“ als Initialen aufwies, die auf eine Päpstin gedeutet und unterschiedlich interpretiert wurden. Mit der Inschriftentafel verbanden die Autoren noch keinen Päpstinnennamen oder eine Pontifikatszeit. Die Fehldeutung auf die Päpstin konnte nur erfolgen, da die Inschriftentafel keinen Namen enthielt. Von Döllinger vermutete als Quelle eine spätantike Weiheinschrift auf einem Weihestein, der im Zusammenhang mit dem Mithraskult stehen könnte. Die Bezeichnung „pater patrum“ war öfter Titel eines Mithraspriesters, der möglichweise „Papirius“ hieß und dessen Name nicht mehr vollständig zu lesen war, der aber zur Erinnerung an seinen Mithrasdienst einen Opferstein aus eigenen Mitteln gestiftet haben könnte, so dass sich auch die drei weiteren „P“ zu „propria pecunia posuit“ auflösen ließen – „er, der Mithraspriester, habe den Opferstein mit eigenem Geld errichtet“. Diese Mithraszeugnisse sind rund um die Basilika San Clemente häufig anzutreffen. Die Kirche selber ist exakt über einer Mithraskultstätte erbaut.

Aus der Opferinschrift eines Mithraspriesters im spätantiken Rom war somit eine frühmittelalterliche Grabinschrift der Päpstin geworden.

Am Eingang des „Vicus papisse“, der seit dem 13. Jahrhundert als „Platz der Päpstin“ interpretiert wird, steht eine kleine Kapelle, die als Nachfolgebau der ehemaligen Gedenkstätte an die Päpstin erinnern soll. Es sei der Ort, an dem die Päpstin ihr Kind zur Welt gebracht habe. Schon Martin von Troppau schreibt kurz nach 1270 über eine Steinskulptur, die als Erinnerung an die Päpstin errichtet worden sein soll. Von einer Bildsäule berichtet Jacob van Maerlant in seinem flämischen Historienspiegel von ca. 1280. Dort sei möglicherweise „eine Figur in Pontifikalgewändern mit einem Kind“ zu sehen.

Johann Joseph Ignaz von Döllinger interpretiert die Skulpturen als Darstellungen einer antiken Gottheit mit einem dienenden Knaben. Die Szene sei von der Bevölkerung in ei-

Spätantike Mithras-krypta in San Clemente in Rom (2. Untergeschoss)

Eine ganze Mithras-krypta liegt beispielsweise unter der Kirche San Clemente in Rom (s. Foto unten). Der christliche Altar steht fast genau über dem heidnischen. Seine Hochblüte erlebte die Mithrasverehrung im 3. Jahrhundert n. Chr.

Ansicht zum Altar, San Clemente in Rom

ne Mutter-Kind-Darstellung umgedeutet worden. Noch überzeugender ist als Vorbild eine römische Isis-Statue, wie sie heute z. B. in den Vatikanischen Museen zu sehen ist.

Martin von Troppau schildert zudem, dass die Päpste fortan wegen des schändlichen Geschehens den Ort der Geburt gemieden hätten und deshalb den Prozessionsweg von St. Peter zum Lateran zwischen dem Kolosseum und Lateran verändert hätten. Diese Prozessionsweg-Änderung scheint erst um 1270 erfolgt zu sein, da Martin von Troppau schreibt, es „wird von den meisten geglaubt". Tatsächlich wurde als Prozessionsweg zwischen dem Kolosseum zum Lateran nicht mehr die steilere und engere Via dei Santi Quattro Coronati (heutiger Namen: Via dei Strada Statale 4), sondern die Via di San Giovanni in Laterano gewählt. Die Strecke war kürzer, breiter und weniger steil und führte unmittelbar an San Clemente vorbei. Ein Blick auf die heutige Situation (Abb. rechts unten und S. 55) macht dies deutlich.
Somit war es nicht die Abneigung vor der vermeintlich schändlichen Stelle, sondern die Bequemlichkeit, d. h. geringere Steigung der Straße, die für die geänderte Wegführung sorgte. Denn nach der Platzanlage steigt der Weg bedeutend an, um am Zugang zum wehrhaften Augustinerinnenkloster Santi Quattro Coronati – auf dem Hügel Celio (lat. Caelius) gelegen – vorbei zum Lateran zu gelangen. Die Via di San Giovanni in Laterano dagegen umgeht den Hügel (vgl. auch Abb. S. 57 und 58).
Johannes Burckhardt, Bischof von Horta und Zeremonienmeister unter fünf Päpsten, berichtet in seinem Tagebuch 1486 darüber, der Papst Sixtus IV. sei kritisiert worden, da er für eine Prozession den alten Weg wieder benutzte, auf dem die Päpstin ein Kind gebar. Aus der Äußerung wird ersichtlich, dass im Spätmittelalter selbst Kleriker an die Theorie glaubten, wie sie Martin von Troppau erstmals und in der Nachfolge zahlreiche andere Autoren formulierten. Dessen ungeachtet scheint der Papst – im Gegensatz zu seinem Zeremonienmeister – der Geschichte weniger Glauben geschenkt zu haben.

Antike Statue der Isis mit dem Horusknaben, Vatikanische Museen (Galerie Pio Clementino) in Rom. Den Ägyptern galt Isis als „Göttin der Liebe".
Die beliebte Darstellung „Isis mit dem Horusknaben" erinnert an spätere Darstellungen der „Maria mit dem Jesuskind". Es ist denkbar, dass der christliche Marienkult teilweise seinen Ursprung in dem bis in christliche Zeiten verbreiteten Isis-Glauben hat.

In der zweiten Version des Martin von Troppau ist bereits davon die Rede, dass der Ort, an dem die Päpstin ihr Kind zur Welt brachte, „Vicus papisse" genannt werde. Seit dieser Zeit wurde der Straßenname als „Gasse der Päpstin" oder „Platz der Päpstin" interpretiert. Ursprünglich bezieht sich die Bezeichnung „vicus“ jedoch nicht auf einen Platz, sondern auf eine Siedlung der römischen Antike. Auch ist der Name „papessa“ nicht als „Päpstin“ zu übersetzen. Vielmehr bezieht er sich auf den Familiennamen „Papés“. Die Adelsfamilie Papés residierte hier bis ins 10. Jahrhundert. „Vicus papessa“ meint daher „Anwesen der Familie Papés“.

Als ein Beleg für die Existenz einer Päpstin wird häufig die angebliche „Männlichkeitsprüfung“ des neu gewählten Papstes angeführt. Diese phantasievolle Spekulation entstand aufgrund der für Außenstehende unverständlichen Zeremonie bei der Papst-Einführung. Das gemeine Volk und selbst einige Kleriker vermuteten, der Papst würde ohne Unterwäsche unter dem Ornat auf einen Toilettenstuhl gesetzt, durch dessen Loch in der Sitzfläche ein Prüfer das Geschlecht feststelle. Diese Maßnahme sei nach dem Skandal um die Päpstin Johanna eingeführt worden.

Auch hierzu äußerte sich von Döllinger. Demnach habe das römische Volk erneut seit dem ausgehenden 13. Jahrhundert das Sitzen des neugewählten Papstes auf spätantiken Sesseln mit runden Öffnungen in der Sitzplatte als Männlichkeitskontrolle interpretiert. Für die Datierung sprechen die Äußerungen im „Liber visionum“ („Visionsbuch“) des Dominikaners Robert d'Uzès († 1296) und in der zeitgleich entstandenen Chronik des Geoffroy de Courlon, die beide die angebliche Männlichkeitsprüfung als Tatsache beschreiben.

In Wirklichkeit geht es bei dem seit Papst Paschalis II. 1099 bezeugten Erhebungszeremoniell um ein dreifaches Platznehmen und Inbesitznehmen durch symbolisches Besitzergreifen eines Stuhles: zunächst auf dem Marmorsessel (dem sog. „Kot-Stuhl“) in der Vorhalle der Lateranbasilika, der den Papst zur Demut mahnen sollte, dann auf dem Marmorthron in der Kirchenapsis und schließlich auf zwei aus kostbarem roten Marmor gefertigten Amtsstühlen vor der Kapelle St. Silvester im Lateranpalast. Diese wertvollen spätantiken, aus Rosso antico gearbeiteten Sessel, irrtümlich im Mittelalter für Porphyrsessel gehalten, bildeten eine Art Doppelthron, vergleichbar dem byzantinischen Kaiserthron im Konsistoriensaal. Sie besaßen in der Sitzfläche runde Öffnungen, die es nahelegen, dass sie

Kaiser Konstantin als Pferdeknecht des Papstes Silvester, Fresko in der Silvesterkapelle im Kloster Santi Quattro Coronati, 1246.
Das Fresko zeigt den Papst zu Pferd, begleitet von weiteren Bischöfen.

Blick vom „Vicus papisse“, seit dem 13. Jahrhundert als „Platz der Päpstin“ interpretiert, in Wirklichkeit „Platz der Familie Papés“, entlang der Via dei Strada Statale 4 (früher: Via dei Santi Quattro Coronati) Richtung Lateran

rechts: Spekulative Darstellung der angeblichen Männlichkeitsprüfung, aus: Johannes Wolf: Lectionum memorabilium et reconditarum libri duo, Lauingen 1600

Marmorsessel, sog. „Kot-Stuhl" (sedes stercoraria), Lateranbasilika in Rom, ehemals in der Vorhalle der Kirche, heute im Kreuzgang

aus den öffentlichen Bädern der nah gelegenen Thermen stammen. Die wertvollen Stücke befinden sich heute in den Vatikanischen Museen in Rom bzw. im Pariser Louvre.

Im Zeremonienbuch des Albinus von 1189 heißt es: „Ist der römische Bischof [Papst] gestorben und begraben, so versammeln sich die Kardinäle an einem ehrwürdigen Ort, *in loco celebri*, um den neuen Papst zu wählen. Nach der Wahl legt ihm der Erzdiakon oder der erste der Kardinaldiakone den roten Chormantel um und gibt ihm den Namen. Zwei der ältesten Kardinäle geleiten dann den Papst zum Marmorsessel, der vor der Lateranbasilika steht und der „Kot-Stuhl", *(sedes stercorata* oder *stercoraria)*, genannt wird. Die beiden Kardinäle setzen ihn ‚ehrenvoll' auf diesen Sessel. Nachdem er einige Zeit dort gesessen hat, steht er auf und erhält vom Kämmerer drei Handvoll Pfennige, die er über die Menge wirft mit den Worten: Silber und Gold habe ich nicht, doch was ich habe, das gebe ich dir (Apg 3,6). Darauf führt ihn der Prior der Lateranbasilika zusammen mit einem Kardinal oder einem anderen Chorherrn zum hochheiligen Altar der Basilika. Sobald sie die Vorhalle durchschritten haben und die Kirche betreten, ruft man laut: ‚Der heilige Petrus hat unseren Herrn N. erwählt'. Nachdem der Sängerchor das *Te Deum* gesungen hat, setzt sich der Neugewählte auf den Bischofsthron. Dort werfen sich die Kardinäle zu seinen Füßen nieder und tauschen mit dem Papst den Friedenskuß. Begleitet von Kardinälen, Subdiakonen, Primizerien und dem Sängerchor verläßt der Papst nun die Basilika. Die Richter führen ihn zur Basilika des hl. Silvester." (zitiert nach Agostino Paravicini Bagliani: Der Leib des Papstes. Eine Theologie der Hinfälligkeit, München 1997, S. 54) Hier kam es nun zur Zeremonie der spätantiken Porphyrsessel. Auf dem rechten Sessel sitzend, erhielt der neugewählte Papst den Bischofsstab und die

Schlüssel der Lateranbasilika und des Lateranpalastes. Auf dem linken Stuhl gab er den Stab und den Schlüssel an den Prior zurück, um dann dort einige Zeit sitzen zu bleiben, bis ihm der Prior einen roten Gürtel umlegte, an dem eine Purpurbörse mit Moschus und zwölf Siegeln aus Edelsteinen hing. Dann hatte sich der Papst auf beide Stühle gleichzeitig zu setzen bzw. zu legen, um sowohl die Nachfolge des Apostelfürsten Petrus als auch des Heidenapostels Paulus zu bezeugen. Danach empfing der neue Papst, auf dem Stuhl sitzend, die Beamten des Palastes mit Friedenskuss. Die Münzen des Kämmerers warf er anschließend über das Volk mit den Worten, dreimal wiederholend: „Er hat ausgestreut, er hat den Armen gegeben; seine Gerechtigkeit bleibt in Ewigkeit" (2 Kor. 9,9). Mit dem Betreten der Kirche war zumindest das Ritual der Besitznahme abgeschlossen.

links: Spekulative Darstellung der angeblichen Männlichkeitsprüfung (Kupferstich aus: Friedrich Sponheim: Die Päpstin Johanna, 1737)

rechts: Antiker, aus Rosso antico gefertigter spätantiker Sessel, irrtümlich als Porphyrsessel bezeichnet, ehemals vor der Kapelle St. Silvester des Lateranpalasts in Rom Die kreisrunden Öffnungen legen eine Herkunft als Sitze in öffentlichen Bädern nahe (Kupferstich aus: ebenda, 1737)

unten: Antike, aus Rosso antico gefertigte spätantike Sessel, Abb. aus: Gottfried Wilhelm Liebniz: Flores sparsi in tumulum papissae (= Blumen auf das Grab der Päpstin gestreut), Göttingen und Hannover 1758

Wie bereits Johann Joseph Ignaz von Döllinger 1863 feststellte, entwickelte sich die Päpstinnen-Legende aus einer lokalrömischen Sage Mitte des 13. Jahrhunderts, aus der die ersten schriftlichen Zeugnisse stammen. Demnach soll es eine gelehrte und Männerkleidung tragende Frau gegeben haben, die zunächst Notarin oder Dozentin in Rom und schließlich Papst geworden sei. Während einer Prozession auf dem Weg von St. Peter zum Lateran habe sie ein Kind geboren und sei bei der Geburt gestorben.

Der Domenikanermönch Martin von Troppau schuf 1277 mit seiner Johanna-Vita eine romanhafte Erzählung, die in immer reicheren Versionen Verbreitung fand. Er erfand den Namen Johanna in Anlehnung an den häufigsten Papstnamen Johannes und datierte das Ereignis nach Papst Leo IV. (847–855).

Dass sich die Päpstinnen-Viten um 1300 derartig schnell verbreiteten, könnte mit dem Pontifikat Papst Bonifaz' VII. (amt. 1294–1303) zusammenhängen, da dieser den Orden der Dominikaner und Franziskaner nicht gewogen war. Aber gerade die Bettelorden waren es, die die Päpstinnen-Legenden unter die Leute brachten und möglicherweise versuchten, dem Papst durch die Päpstinnen-Legenden zu schaden.

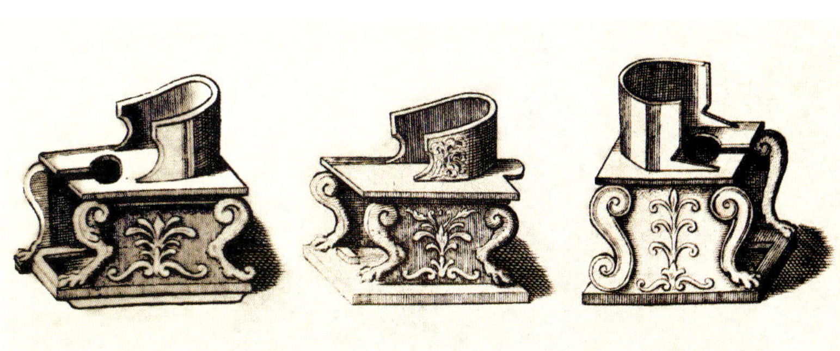

PÄPSTIN JOHANNA GESTERN UND HEUTE

Die Päpstin Johanna war als Papst Johannes VII. oder VIII. im späten Mittelalter fester Bestandteil der Papst- und somit der Kirchengeschichte. Offenkundig fanden die Repräsentanten der Römischen Kirche an der Existenz einer Päpstin prinzipiell nichts Anstoßendes, zumal die an sich peinliche Angelegenheit nicht wegzuleugnen war. Zahlreiche als heilig verehrte Frauen – insbesondere Ordensfrauen – waren bekannt. Ihre zur Nachahmung empfohlenen Lebensgeschichten wurden von denselben Theologen bzw. Historikern in ausschmückenden Legendentexten und historischen Abhandlungen unter das Volk verbreitet, die auch das Leben der Päpstin Johanna in teilweise romanhaften Schilderungen verfassten. Im 13. und 14. Jahrhundert waren es vor allem die Bettelorden, vornehmlich die Dominikaner, die als Predigerorden Johanna bekannt machten. Wenn es Frauen gab, die wie die hl. Lioba, Hildegard von Bingen oder die hl. Elisabeth Gutes bewirkten, ein Herz für das Volk besaßen, außergewöhnlich gebildet waren, Visionen empfingen und an deren Grab Wunder geschahen, warum sollte es keine Päpstin gegeben haben?

Im Spätmittelalter wurde kaum ein Zweifel an der Existenz der Päpstin Johanna gehegt. Dies führte etwa dazu, dass in Zeitdokumenten des 9. Jahrhunderts der Name der Päpstin Johanna als Papst Johannes nachträglich – wahrscheinlich im 14. Jahrhundert – hinzugefügt wurde. Diese nur ungefähr datierbaren Ergänzungen gelten bei den Päpstinnen-Theorie-Befürwortern allerdings als Beleg für einen weiblichen Papst.

Die Existenz einer Päpstin war für das gemeine Volk wahrscheinlich kaum ein Problem, zumal ihnen die Marienverehrung vertraut und oft wichtiger als der Glaube an Gott war. Eine Frau auf dem Papstthron war sicher keine verwerfliche Sache und ist es in heutiger Zeit – abgesehen von konservativen Katholiken – sicher erst recht nicht. Heute ist sicher die Mehrzahl der Christen in Deutschland stolz darauf, dass Frauen in der evangelischen Landeskirche das Amt des Bischofs bekleiden können. Dagegen war es für die Protestanten des 16. und 17. Jahrhunderts ein größeres Problem, dass es mutmaßlicherweise auf dem Papstthron eine Frau gegeben haben könnte, da ihre Moral rigoroser und frauenfeindlicher war.

Die Kirchenvertreter des Spätmittelalters lasteten die Existenz einer Päpstin der Unerforschbarkeit von Gottes Ratschluss an oder hielten die Päpstin für eine Teufelsgeburt. Dies galt selbst noch im Zeitalter der Reformation, als der Hinweis auf die Existenz einer Päpstin ein beliebtes Kampfmittel der Reformatoren war.

Erst im 16. und 17. Jahrhundert wurde die Päpstin konfessionelles Streitthema und je nach Standpunkt zur Papst- und Kirchenkritik genutzt. Deshalb begannen katholische Kirchenmänner im Zuge der Gegenreformation die Papstgeschichte systematisch zu säubern und versuchten, die Legende zu widerlegen. In diesem Zusammenhang erschien beispielsweise 1584 die Schrift „Gründlicher Bericht, ob es wahr sei, dass auf ein Zeit ein Papst zu Rom schwanger gewesen und ein Kind geboren habe" des Jesuiten Georg Scherer. Doch erst 1863 lieferte Ignaz von Döllinger in seinem Buch

Sabrina Weckerlin als Päpstin Johanna im Musical „Die Päpstin – Das Musical", Spotlight Musicalproduktion, Uraufführung in Fulda 2011

„Papstfabeln des Mittelalters" plausible Erklärungen, mit denen die Rätsel im Zusammenhang mit der Entstehung der Legende einleuchtend geklärt wurden.
Die Streitdebatte um die Frage, ob es einen weiblichen Papst gab oder nicht, hält bis heute an, wenngleich die Fakten für die Nichtexistenz sprechen.
Bemerkenswert ist allerdings die Reichhaltigkeit der Überlieferung zu einer möglichen Päpstin. Die zahlreichen Beiträge machen die Auseinandersetzung mit dem Thema interessant, so dass sich bis heute sowohl Historiker und Theologen als auch Romanschriftsteller, Ausstellungsmacher, Filmemacher und Musiker mit dem Mythos auseinandersetzen.
Seit den 1980er Jahren erhält die Auseinandersetzung mit dem Thema neuen Schwung durch die feministische Geschichtsforschung. Während in den Jahrhunderten zuvor die historischen Texte, die sich mit der Gestalt der Päpstin auseinandersetzten, fast ausschließlich von Männern verfasst wurden, sind es nun vermehrt Frauen, die sich dem Thema zuwenden. Elisabeth Gössmann geht auf dieses Phänomen im Vorwort und in der Einleitung zu ihrer umfangreichen und inhaltsreichen Abhandlung „Die Päpstin Johann. Der Skandal eines weiblichen

Sabrina Weckerlin als Päpstin Johanna in „Die Päpstin – Das Musical", Spotlight Musicalproduktion, Uraufführung in Fulda 2011

Papstes" ein. Sie stellt fest, es werde seitens des Feminismus und der Mentalitätsgeschichtsforschung versucht, „der Päpstin einen Platz in der Geschichte zurückzuerobern, aber nun gleichsam unter positivem Vorzeichen. Hatte die Päpstin jahrhundertelang als ‚Schmach' gegolten, egal ob an ihre Historizität geglaubt wurde oder nicht, bis es auch der Protestantismus für eine ökumenische Selbstverständlichkeit hielt, über die Päpstin-Legende zu lächeln und der katholischen Kirche derartiges nicht mehr vorzuwerfen, so wird jetzt die Päpstin von feministischer Seite so etwas wie eine Trophäe."

Im 19. und 20. Jahrhundert entstanden mehrere Geschichtsromane zu einer Päpstin, gefördert durch die Frauenforschung. 1996 erschien der Roman von Donna Woolfolk Cross, der sich alleine in Deutschland vier Millionen Mal verkaufte. Die Verfilmung von Sönke Wortmann (Regie) mit Johanna Wokalek in der Titelrolle sahen 2009 drei Millionen Menschen. Bereits 1972 gab es eine Verfilmung von Michael Anderson (Regie) unter dem Titel „Papst Johanna (Pope Joan)" mit Liv Ullmann in der Hauptrolle. 2010 zeigte die Martinus-Bibliothek in Mainz eine Kabinettausstellung, bestehend aus 87 Buch-Exponaten aus sechs Jahrhunderten, zum Thema „Päpstin Johanna".

Der Roman von Donna W. Cross wird im Sommer 2011 auch als großartiges und spektakuläres Musical der Produktionsfirma Spotlight mit Sabrina Weckerlin in der Hauptrolle in Fulda uraufgeführt (Musik, Texte bzw. Produktion: Dennis Martin und Peter Scholz).

2004 veröffentlichte das Diözesanmuseum St. Afra in Augsburg einen Ausstellungskatalog „Hl. Afra. Eine frühchristliche Märtyrerin in Geschichte, Kunst und Kult", in dem Bernhard Schimmelpfennig als Einleitungskapitel seinen Aufsatz wie folgt formulierte „Hat Afra gelebt, oder verehren wir ein Phantom?". Er resümiert: „Mein Fazit: Afras Leben und ihren Tod als Martyrerin historisch abzusichern, halte ich für ziemlich schwierig. Ihr geht es hierbei nicht anders als den von höchster Stelle in Zweifel gezogenen Heiligen Caecilia, Georg und Christopherus. Doch weil Afra ebenso wie die genannten anderen Heiligen seit über einem Jahrtausend als Martyrerin verehrt worden ist, dürfte ihr Kult die Überlegungen eines Historikers mühelos überleben."